赢得
养育马拉松

鹿永建　钱红林　著

中国言实出版社

图书在版编目(CIP)数据

赢得养育马拉松 / 鹿永建，钱红林著. -- 北京：
中国言实出版社，2024. 12. -- ISBN 978-7-5171-4981
-1

Ⅰ. G781

中国国家版本馆CIP数据核字第2025J32H64号

赢得养育马拉松

责任编辑：邱　耿
责任校对：代青霞

出版发行：中国言实出版社

　地　　址：北京市朝阳区北苑路180号加利大厦5号楼105室
　邮　　编：100101
　编辑部：北京市海淀区花园北路35号院9号楼302室
　邮　　编：100083
　电　　话：010-64924853（总编室）　010-64924716（发行部）
　网　　址：www.zgyscbs.cn　电子邮箱：zgyscbs@263.net

经　　销：新华书店
印　　刷：徐州绪权印刷有限公司
版　　次：2025年3月第1版　　2025年3月第1次印刷
规　　格：880毫米×1230毫米　　1/32　　9.625印张
字　　数：208千字

定　　价：68.00元
书　　号：ISBN 978-7-5171-4981-1

前言：如何赢得养育儿女这场超级马拉松

"鹿永建老师，你的家庭教育书什么时候出版？我等着呢。"一位年轻教师听完报告问我。年轻教师清澈的目光传递着真诚的期待。

那是 2012 年，我受相关教育部门郑重委托，正在风风火火地四处培训中小学校长、家长和老师。那一年，我和钱红林 13 岁的儿子正在健康成长，且升入了一所挺不错的初中，他脚大身长，快步如飞，成绩正在提升中，他喜欢自己的校园、同学、老师和父母，嘴角常带着微笑。至那一年，我和钱红林研修、实践家庭教育已有八年，影响力正在快速上升。按说，我和钱红林有清晰的家庭教育理念、有大量的生动案例、也有养育孩子的实践，有条件出书积极回应那位年轻教师和广大读者的期待。

但是，由于种种原因，我略带歉意地让那位年轻教师和读者又等待了 12 年，等儿子 25 岁时，本书方才问世。借这篇前言，说些心里话，也是给耐心等待的朋友和读者一个真诚的交代。

<h1 style="text-align:center">一</h1>

万事皆可冒险，唯独养育儿女不可能推倒重来。所以，经过一个完整的家庭养育过程的检验，这样的养育经验，更配得上读者的信赖。

养育儿女是场超级马拉松。我和钱红林的儿子今天已是自食其力地在读天体物理学博士，可以算作某种意义上的养育终点。如果再次面对那位目光清澈的教师，我想说："当跑的路，已经尽力跑完了，而且有了更多感悟与思考，现在写这本书，更值得众多读者信赖。"

作为千千万万的中国"90后"一代人中的平凡一个，儿子先是经历了幸福的童年、挣扎前行的小学，然后走过充满"风险"的中学青春狂飙分化期，度过了"厉兵秣马"的高中拼搏期，又胜过了大学本科的种种挑战。自他直博攻读天体物理学之后，他开始像成年人那样负责任地思考问题、安排时间和处理人际关系，像成年人那样与父母对话交流。还有，他靠学校提供的奖学金读书，靠给本科生上课所得薪酬支付公寓、饮食等日常开销，他说，我已经工作了。

这些年间，人们耳闻目睹了众多关于父母养育儿女的"连续剧"，其中既有令人感奋的诸般成功，也有让人叹息的种种失误。看到那么多父母因养育上似是而非的做法而深陷泥沼，不由得深感惋惜。反思过往，我惊奇地发现自己养育孩子的家庭教育过程，居然与宝贵的真知识和过硬的善智慧，没有擦肩而过，反而一再地亲密接触。这真是我人生的极大荣幸，系统总结和反思养育经验因此成为我的使命。

这部书的主要内容是讲述一名"90后"中国孩子的成长故事，全书分成五大部分，第一部分"让小'鳄鱼'在父母身边长大"，讲述这对父母如何义无反顾地选择并坚持"养育长期主义"理念和方法。第二部分"引导孩子学习"，讲述儿子从懵懵懂懂的小豆包开始，如何经过漫长的时间，成长为活力四射的学习达人。第三部分"好品格的核心是爱之能"，聚焦孩子的品格成长，是书中案例和文章篇数最多的部分，有第一手的养育经历，也有可信任的他山之石。第四部分"管教难题遇上青春期"，以多个生动故事和复杂案例，将读者带入真实的亲子冲突情境，并带出真实的实践与有用的方法。第五部分"一生一世的守望"，宗旨是帮助读者在"养育马拉松"之后，开启又一个人生马拉松——父母与成年子女的相互守望。书中没有将儿子学校和他本人名字等信息和盘托出，但故事和细节统统都是真实的。

二

这本书所讲的教育故事，跨越了 25 年；从某种意义上讲，也是"90 后"这一代中国人的成长缩影。

0 至 18 岁是儿童和未成年人时期，18 岁起进入成人早期，从 25 岁起则进入完全的成人期。2024 年的夏天，生于1999 年夏天的这一大群中国人，纷纷度过 25 周岁生日，变成了成年人。而一个人类生命从离开母腹、呱呱坠地，到成为健康、有爱心、能负责任的成年人，是多么的不易，要躲过多少致命陷阱啊。

20 世纪 90 年代起，中国进入令人自豪又目不暇接的经济快速发展期。这一代父母养育儿女的过程，也像坐过山车一样令人兴奋又头晕目眩。身边所看到"90 后"这一代人，有的健康成长，有的则不然。

这样的事情屡见不鲜。有位朋友的小男孩，上幼儿园时是个神气活现的"社牛"。20 年后，他读完了大学，却成为眼神闪烁不定的"社恐"。究其原因，父母早已离异，逢年过节时才给双方父母打电话问候，维持一个完整家庭的假象。另外一位朋友，自己是学校教育的行家里手，却将优等生的孩子留在本区高中，不料孩子很快因自我放任而成绩下滑，从此阵脚大乱，至今仍步履维艰。看到这些事业有成、收入不菲的夫妻养育儿女遭受挫折，我和钱红林在自己家中更加小心翼翼。令人欣喜的是，经过我和钱红林的专业帮助，有的朋友学会"做对的事情"，走出了养育困境。

回首过往 25 年，我们特别感恩的是，上养育儿女第一课的导师们，他们示范了无私的爱，让我和钱红林从开始就总是提醒自己，将孩子的长期利益放在第一位。因此得以在养育孩子的道路上少走弯路，反而在必要时为孩子做出牺牲。比如，钱红林为了儿子幼年时有完整而充足的母爱，放弃了更好的工作机会。在孩子临近高考那一年，我也谢绝了单位异地提拔的一番好意。

养育这场马拉松，一定会有艰难时刻。如书中所写，儿子在小学初段因为年龄小而有些跟不上，我和钱红林也像所有父母那样备受煎熬。但是，二人总算学过"爱是恒久忍耐"的道理，也看多了身边的负面案例，所以耐心地处理好自己的失望情绪，没有把压力转移到孩子身上。当时，我甚至横下一条心：即使儿子成绩一直这样平平，将来成为一个快乐、健康的人，我也就开心了。而钱红林则坚信，儿子将来成绩一定会好起来。说实在的，我作为高考时的全县文科状元和整个家族的骄傲，钱红林作为免试直升重点大学的研究生，对此保持淡定，做起来并不容易。

不管怎样，当孩子的小学同学因为补习班过多而早早出现厌学时，他一边为自己成绩不及同学而心有不甘，一边仍然被父母鼓励早睡觉、多运动、相信成绩慢慢会好的。当然，钱红林在家里帮助孩子在功课上强化提高，功夫也花了不少，以至于孩子认为他那一段时间是在上私塾。反思这一段经历，我们庆幸坚持了当时的做法，所以儿子从幼儿期到现在，一直是个身心健康的人。因为他在早年有足够的爱的储备，相信他定能应付成人之后的人生挑战。

当然，读完这本书之后，读者就会发现，孩子在初中阶段和高中阶段学习成绩经历了两次突飞猛进，并像钉子一样稳稳地钉在了学习优等生的行列。大学本科后期，完全靠自己申请博士学习机会，拿到了四个录取通知。

说到成绩的两次突飞猛进，儿子现在当仁不让地认为是他自己努力的结果。我和钱红林完全赞同这一点，即便成绩平平时，他也心有不甘、一直主动努力。而有些成功，既不是父母努力的结果，也并非完全出于儿子的努力所致。他初一时，成绩还是平平，初二却在数学和物理两门课上成为班级的翘楚。这与他走亲戚时，作为复旦大学优秀生的表哥自动自发地带他做预习不无关系。后来，他表哥没有时间指导了，家里就请大学生来承担表哥的角色，儿子因此早早进入了"研究性学习"的阶段。当然，幸运的地方还有很多，孩子在小学五六年级遇到特别优秀的班主任李爱丽女士，高中阶段遇到既有趣又有能力的物理和数学老师。孩子出生在教育资源相对优越的大都市中心区，也是一种幸运。

既然幸运，就当感恩，不仅感恩老师、家族成员，更要感恩那些为中国快速发展而付出极大辛劳的陌生人。我曾带着尚是小学生的儿子参与服务农民工子女的公益教育活动。对于在鹿楼镇长大的我而言，农民工子女就是幼时同伴的下一代。当儿子与他们在夏令营住在一起时，他意识到爸爸在成为沛县高考状元之前，比农民工孩子拥有的教育资源还要少！这让他心灵受到震撼。感恩之心，是责任担当的沃土。当然，当儿子的"功课忙遇上做家务"时，也有一番心灵挣扎和品格成长过程，父母需要小心翼翼帮孩子走好每一个步骤。

与养育儿女超级马拉松的得胜家庭交流心得时，发现有的家庭有更多的设计，有的更注重学科竞赛，有的更注意艺术才能培养，也有的经历更多的坎坷。但是，这些家庭有个共同特点，就是更在乎孩子的长远发展，而不是早早就要拔尖，更不是每天将自己的压力转嫁到孩子稚嫩的肩上。如果拿跑步这项体育活动打比方，这些父母的确更像马拉松选手的教练，对选手的要求是，每一步跑得不算快，但要跑得对，因为既定的目标是能够跑得相当远。结果呢，这些孩子的心理更稳定，长期表现的确更佳。

<h2 style="text-align:center">三</h2>

养育儿女这场超级马拉松，毕竟不是体育比赛而是教育过程，有些特殊的挑战必须应对。比如，面对多元的育儿观念和不同的处理方法，做父母的很难兼收并蓄，而是必须早些做出选择。书中所述，也是这25年间我和钱红林所作的种种选择。

举个例子，婴幼儿断夜奶的问题，背后就有初生儿喂养的两套路数。一种叫作按需喂养。最核心的做法就是，孩子的哭声就是喂养的发令枪。这种做法，简单地说，就是认为刚出生的孩子最聪明，最明白什么对他们的身心发展最有利。其结果就是半岁甚至一两岁还在吃夜奶，全家为此疲惫不堪。另外一种路数叫按时喂养。就是将孩子一天24小时分成三个部分，就是吃奶、清醒与睡眠三种状态的循环往复。开始，这个循环比较快，孩子吃的次数比较多。孩子一天天长大，吃奶的间隔就会长一些，越来越向长大后的正常作息规律靠拢。一般来说，孩子八周就可能断夜奶、晚上睡整觉。

最近，我给一些"90后"父母和准父母做育儿指导，惊奇地发现，他们所看的、相当流行的育儿书，对于这个困扰年轻父母的实际问题，采取一种回避的态度。幸运的是，孩子在母腹中时，我和钱红林就对这两个路数都做过了解，经过反复比较，坚定地采取了按时喂养的方式。神奇的是，满两个月那天，儿子晚上睡了整觉，这写入书中第一个故事。我后来考察过数十位母亲，她们采取了按时喂养的方法，取得了相差不多的良好效果。我和钱红林也观察了多位按需喂养的邻居，他们深夜喂养的辛劳令人叹息。最近，我把这两种方法的书籍同时推荐给"90后"的准父母们，一位准母亲经过一番比较后，果断选择了按时喂养的方式。看来只要把有代表性的不同资源筛选好，提供出来，年轻父母经过学习、思考和比较，会做出明智选择。

　　可不可以用"轻微的痛苦"作为一种教育手段进行管教？孩子遇上青春期又该怎么办？就更是家庭教育难题中的难题。对此，本书也没有回避，而是拿出专章来处理。

　　其实，生活中的真实教育案例，对问题已经做出令人信服的回答。有一对朋友开始育儿的时候，奉行的是给孩子自由的育儿理念，也就是承认孩子所有的欲望都是合理的。孩子十来岁时，就已经变得非常自我中心主义，亲子沟通越来越困难。所幸，在孩子青春期来到之前，这对年轻父母面对失败、果断转向。他们学习和施行"爱与管教平衡"的管教方法，帮助孩子建立起对于善良的权威和正义的规则的顺服。结果，孩子在自我中心主义那里没有找到的自由感，在清晰的规范、界限和无条件的接纳与爱那里找到了。这个案例让人感慨良多。

对于我和钱红林的这个家庭来说，奉行的观点开始就是确定的，就是"爱与管教平衡"。回首过往，我和钱红林的感悟是，问题的核心不是从如何"打孩子"、打哪里、用什么打开始，而是从对人性的基本认知入手。如果晓之以理就能搞定，还需要用"轻微的痛苦"来教育孩子吗？如果孩子执意知错犯错，苦口婆心又奈他何？另外，即使观点与原则清晰明确，实施的分寸也还需谨慎摸索和把握。

起初，指导老师所给的教导，理念原则是令人信服的，但是"轻微的痛苦"的管教用得稍稍多一些。后者让疼爱孩子的钱红林有点受不了。后来，研读了杜布森博士的《勇于管教》一书，二人的视野更加开阔，在管教的分寸上更谨慎，"轻微的痛苦"的管教用得更少。尺度大致是这样的：只有在孩子知错犯错、明知故犯、并且公然蔑视父母的权威时，才施行"轻微的痛苦"的管教。甚至在这样的时候，作为父母也会经受情感上的煎熬。这也令人意识到，身心健康的父母，用"轻微的痛苦"作为手段管教孩子时，会感受到不得已而为之的情感压力。这提醒人们，对孩子施以"轻微的痛苦"的管教时，自己觉得享受的父母自身有问题！

后来，儿子长大之后，我多次问他，还记得"轻微的痛苦"的管教这些事吗？甚至还直截了当地问："因此恨我们吗？"得到的回应是非常明确的："不，一点也没有。"问得次数多了，儿子就说，"其实已经忘记这些事情了。"这样，这个管教的案例才被放心地收到本书中。

与中国言实出版社副总编辑廖厚才一起反复打磨这本书稿的过程中，我实实在在地承认，比起那些走进清华、北大和哈佛、耶鲁的学生，自己儿子远远算不上耀眼夺目！也正因为如此，作为父母，我和钱红林面对的正是绝大多数家长所面对的压力。比如，在儿子学习成绩平平时，做父母的坚决地顶住各种压力，坚决地将儿子的身心健康放在第一位，并为他的功课学习提供适当帮助。而这不正是绝大多数家长应当做、也可以做到的吗？这也正说明，我和钱红林的养育策略是对的，是完全可行的，也是绝大多数家长可以参考的。

廖总听了拍案叫绝：对路！书中的这个真实孩子不是万里挑一的天才，也不是自甘平庸的孩子，而是可亲可爱可参照有自信的邻家孩子，一个努力上进、不断上升的"中上等孩子"。未来，他的前途同样不可限量。因此，这本书可以叫作："一个中上等孩子不断上进的养成记录"。

愿以这本书，帮助天下父母赢得自己的养育儿女超级马拉松。

鹿永建

中国教育学会家庭教育专业委员会

第三届理事会常务副理事长

2024 年 10 月

目录

‖‖‖‖‖‖‖‖‖‖‖‖‖

第 一 部 分

让小"鳄鱼"在

父母身边长大

让小"鳄鱼"在父母身边长大

愿意陪伴孩子，但是太忙
于是有人颇为机智地说：
希望孩子成为什么样子，就成为那样的人
孩子将来会效仿我的人生

然而真相是：不花足够时间陪伴
孩子心灵将面黄肌瘦，情感终生饥渴
他们将厌弃你的成功，厌弃你自己
直至你拿双倍力气补救

孩子从 0 至 18 岁，与他们相伴
将他们培育成有爱有力量的人
他们将真正明白什么是爱
而你将喜获第二次成长

生命头两三年，形成孩子生命的底色。
所以——

心肝宝贝早立规

天底下的孩子刚生下来，特别是头两三年，个个天真可爱，都是爸爸妈妈爷爷奶奶外公外婆的心肝宝贝。问题是，大多宠爱有余，普遍管教不足。为了孩子的一生，有些规矩越早立越好，前提是孩子能理解到，能够学得会。其实，为孩子立规，无形中也为父母立了规。因为，在规则之内，才有真正的自由，孩子才能真正健康发展。

一

十点钟进手术室，十一点多钟孩子被抱出来，是个男孩子，收拾干净，抱到了产房的婴儿床。不久，刚做妈妈的钱红林从手术室被推出来，幸福而疲倦地哭了。

60岁出头的外婆，专门从上海赶来照顾女儿和外孙子。

她蹑手蹑脚走到了婴儿床边，小心地看自己的外孙子，结果外孙醒来，睁开了一只眼睛。过了一会儿，外婆又一次过来看小婴儿，小外孙另外一只眼也睁开了。孩子刚生出来，一般都是沉沉地睡着，外婆说，刚生出来，就这么灵敏，说明他很灵光。

上海话的灵光，就是很灵很聪明的意思。外婆有两个可爱的孙子了，现在喜欢上了这个刚出生的外孙子。远在江苏的爷爷奶奶也喜欢这个在高考那一天出生的孙子，给他取了几个有意思的备用名字，在学校里当教师的大舅舅也为外甥取了名字。大家都是欢天喜地的。后来，爷爷奶奶提出来，孩子一周岁后交给他们抚养，该上幼儿园了再送回北京。他们的心意是好的，就是让儿子和儿媳忙自己的工作，而他们60岁出头、身体健康、完全胜任带孙子。老一代的心意领了，但是他们的建议被婉言谢绝了。

孩子生出来了，就应当由当父母的亲自来养。这是钱红林和鹿永建两人的决定，也算是为自己先立了个规。

钱红林这样做与自己的经历有关。她由亲爱的爸爸妈妈亲自养大，3岁之前，如果妈妈在她睡着时离开自己一会儿，她醒来看不到妈妈，都会失落得不行。她相信自己的儿子也一定是这样。鹿永建的经历相反，但是得出的结论是一致的。他从3岁左右到上小学这段时间是在亲爱的外公外婆家度过的，他们很爱他。但是，长大后，鹿永建总觉得外公外婆生活的那个村庄才是家，因此不想在儿子身上复制这种错位的人生。

孩子出生之前，鹿永建和钱红林就明确了养育孩子方面与上一辈人的分工与合作：抚养孩子方面，小夫妻要当主角，长辈处于助手的位置。这些理念，源于怀上孩子之后接受过的面对面辅导。特别幸运的是，外婆是一位特别温柔的女性，本来就不是走到哪里都要当主角、拿主意的人。她心甘情愿地配合女儿，帮助带了十个月孩子，然后回到上海。

因为分工明确，责任清晰，外婆很享受帮助女儿带外孙的这十个月。外婆说，三四个月时，外孙"嗯啊嗯啊"又娇又嫩、奶声奶气的声音没有了，她好一阵子遗憾。奶奶和爷爷随后来北京看到亲爱的孙子后，也高兴地回去了。

有的年轻夫妻在这件事上要么不明白这个道理，要么碍于情面，没有与上一辈人坦率地讨论，更谈不上达成共识，后面就容易产生种种的矛盾与烦恼。

二

孩子刚生出来头三个月，什么最重要？吃喝、拉撒、睡，共三件事，最难的是睡觉的事情上如何有效地立规。

拉的事情，头一条是要有序地排出孩子的胎便，避免孩子患上小儿黄疸。吃喝的事情，是要处理好吃母乳与吃奶粉的关系。这两件事，绝大多数做父母的，都能搞定。但是，睡觉的问题，就不那么容易解决了，所以重点说说睡觉的问题。

初生儿的喂养，最主要有两套路数，一种叫作按需喂养。最核心的做法就是，孩子的哭声就是喂养的发令枪。艾盖瑞和贝南罗特博士的《从0岁开始》在"有关喂养的理念"这一章中指出，"需求式的喂养方式建立在两个假设之上。第一个假设是，孩子最了解自己的需求，所以不应采用任何形式的父母引导的规律作息。第二个假设是，宝宝需要食物的信号就是哭，他每一次哭都是因为肚子饿了或需要安抚"①。儿子1999年出生的第二年，美国的著名育儿书《斯波克育儿经》在中国翻译出版了，它的理念是按照弹性的时间来喂养，与按需喂养的理念比较接近②。

所在小区当时有一对比较熟悉的夫妻，就是采取按需喂养。孩子饿了，不管什么时候，都要马上给孩子吃。结果呢，孩子两岁左右，他家厨房在深夜还会突然亮灯，为什么？孩子醒来，要吃，于是大人起来为他热牛奶。

另外一种路数叫按时喂养。儿子采取的是这种按时喂养的方式。

按时喂养，将孩子一天 24 小时，分成三个部分，就是吃奶、清醒与睡眠三种状态的循环往复。开始，这个循环比较快，也就是说孩子吃的次数比较多。孩子一天天长大，吃奶的间隔就会长一些，并且越来越向长大后的正常作息规律靠拢。最终目标就是白天中午睡一次午觉，晚上一觉睡八个小时到十个小时。

　　要做到这一点，新生儿的头两三个月，就要让孩子吃奶的间隔时间越拉越长，晚上吃奶次数越来越少，直至晚上睡整觉。晚上睡整觉，中国人的俗称是"断夜奶"。孩子从出生到满两个月，共八周的时间，如果实施按时喂养，满两个月时孩子晚上就可以睡整觉。这样，孩子可以按照大致可控的节奏来吃、睡、清醒。大人也可以有时间晚上好好休息。也有一些开始按需喂养的家庭，实在无法忍受，后来改成按时喂养，效果好到让他们大呼神奇。

　　有话说得好，世间万物都有自己的规律和秩序，新生的孩子也不例外。因此，鹿永建和钱红林没有接受当时比较时髦的按需喂养方式，选择了按时哺乳这个办法。但是，在实施的过程中，当听到儿子的哭声不止时，还是感觉非常纠结的。

　　儿子吃奶的时间是一到两周调整一次。开始是一个半小时一次，慢慢调到三小时一次。7 月 22 日，他出生半个月，从晚上到早上五点醒了三次，包括十二点、三点和五点多钟。钱红林的母乳不够，傍晚和凌晨给婴儿喂了牛奶。8月2日，也就是一个月差5天的时候，他已经可以晚上只加一顿餐，然后睡到凌晨四五点钟了。但是，要把这一次去掉，是最难的。

有的孩子，会自己放弃了晚上那顿夜奶，但是儿子不是。按照计划，试着给他断这顿饭，他会哭，有时哭半个小时，甚至接近一个小时，这时妈妈钱红林的心里是很煎熬的。她最终告诉自己，只要确认孩子没有疾病，其他时间也已经喂饱了他，就可以相信孩子会改变。所谓改变，就是等儿子意识到晚上这一顿是没有了，他哭累了，也就睡着了。第二天五六点钟，醒了，赶紧给他吃。慢慢地，他就会放弃晚上这顿夜奶，这事就成了。

神奇的是，儿子是满两个月的那一天晚上，没有再哭，而是自己开始睡整觉了。后来，也稍有些反复，但是比较快地又回到了轨道上去了。

因为是整觉，晚上睡得足，他白天就比较有精神头，就很活跃。白天不睡觉的时候，他能够咿咿呀呀地讲半天的话，讲话时，他的表情动、嘴巴动、眉毛也动，只是不知他在讲什么，也许是想诉说自己的快乐吧。

刚才提到的小区另外一家，一直坚持随饿随吃。经常夜晚看见他们的厨房灯亮了，要为孩子热牛奶。试想一下，大人深夜三点起来吃一顿，会多么难受，难道小孩子晚上吃就不难受吗？他一边吃，一边身体多么难受，只是他不会说出口来。所以，鹿永建和钱红林坚信所做的是对的，也经常把这个按时喂养的故事讲给年轻的父母听。

三

孩子刚开始能爬的时候，就可以开始培养他"自己玩"了。一个孩子从事事依靠父母，到能够自立自强，有好远的路要走。自己玩，应当是他走上自立的最早的一步。

"自己玩"是从英语 play alone 翻译过来的，就是在一个角落里开辟一个独立的空间，让孩子学习不依赖家长，自己待一会儿。自己玩的时间，当然是从短到长地逐渐培养的，开始三五分钟，然后慢慢延长，一直到半小时，甚至偶尔一个小时。这是最初培养孩子自我管理的能力的开始。将来孩子自己玩玩具、自己阅读、自己做作业甚至将来他成为成人后自己独立处理问题，都是从这个"自己玩"开始的。

如果从一开始就让孩子自己睡在小床上，这对他后来学习自己玩，是有益处的。自从儿子从医院里回家来，他就睡在自己的小床上面，小床放在父母的大床旁。5岁之后，他就睡到另外一个房间，一直到离开家去远方上大学。这样做，一点也没有影响亲子之间的连接与亲密的关系、浓浓的感情。当然，小婴儿入睡前要先把他抱在怀中，等睡着了再放在小床上。他会醒，然后一再安抚他，拉着他的小手直到他呼吸匀称地入睡。现在想，如果放下去之后，用手臂给他以包裹的感觉，孩子可能会入睡得更快些。

刚开始放在小毯子上，让儿子自己玩，他会往外爬。然后告诉他待在里面，再往外爬时，就轻轻地敲一下他的手指，让他意识到大人的要求。孩子开始自己玩的时候，他在里面玩，大人就待在一边做点别的事情，随时看他一眼。孩子喜欢被抱在怀里、陪着他玩，自己玩一会儿就不太开心、轻轻地哭了。这时大人就过去，把他抱在怀里，安抚一下，或者跟他一起玩一会儿，玩足了就再让他自己待一会儿。

孩子3岁之前甚至再大一些，都喜欢让父母抱着。这不是什么问题，也不要急于让孩子完全独立，那会剥夺孩子幼年的快乐，也错过了亲子亲昵的美好时光。只是，如果看到孩子已经在亲子接触中得到满足，那就让他也换个频道——练习自己待一会儿。这样的培养，有顺其自然的一面，就是要先满足他被爱的需求；也有刻意为之的一面，就是要让他有成长的机会和资源。这要掌握好平衡。

　　一来二去，在某个时间节点上，儿子突然开始享受自己一个人待着的状态，他会自己拿着一个小玩具，嘴里咿咿呀呀地说起话来。这时候，他已经学会自己玩了。

四

　　两岁两个月时，儿子进了一家民办幼儿园。离家只有一个街区，妈妈钱红林每天牵着手就能把他送进去。经过了几个回合，他也基本适应了幼儿园的生活。

　　2001年9月16日是个周末，爸爸鹿永建在一个笔记本上详细记录了儿子坐空中轨道小电车的经历，孩子心灵的历程得以鲜活地存留下来。

　　一家三口先来到西海，参观了宽敞、静雅的北京宋庆龄活动中心，然后到隔水相望的游乐场去玩。这个游乐场，当时是私人开办的，不算高档，很受孩子们喜欢。按儿子的要求，爸爸带他坐上了大青虫，这是个空中轨道小电车，有四五节车厢，最高处在两人高以上，有一顿一顿的上坡，有不太大的颠簸，也有60度左右的陡坡。坐在上面的大部分是七八岁的孩子，一个个久经沙场的样子。第一圈一半时儿子就怕了，第二圈更怕得不行，好在老爸在他身边保护着他，两圈完了下车，他两眼满含泪花地笑了，说："到站了。"

儿子下车后，惊魂未定，平时喜欢的木马车也不想去了。只是站在一边，看着大孩子们玩大青虫，一遍又一遍地看着。后来他想玩碰碰车，老爸鹿永建带着他坐上去，大孩子们有点疯狂地碰撞着碰碰车，连大人都有点儿紧张。儿子又哭了，要中途下车，自然是不行。下车后，他来到游乐中心南门入口处，那里有一辆停开的平地小火车，儿子坐上去，又是打方向盘，又是系安全带，还让父母坐在后面，嘴里吆喝着："开始喽、开始喽"。他一直玩着，一直玩到吃晚饭的时候，是强行把他带走的，他哭了一路。

晚饭后回到家里，儿子玩起了两岁时的生日礼物，就是在一堆小木板中找出相同的木板，玩了一遍又一遍。妈妈钱红林说："两个月前，他不肯玩，今天会玩了，找到乐趣了。"洗完澡后，按照允诺，又陪他玩了一次生日礼物。

到了睡觉前的时光，儿子说："关大灯、开小灯。"然后让老爸给他挠后背。他躺着问："大鹿，你长大了吗？"

睡觉前"关大灯、开小灯"的口诀是妈妈教的，他早就娴熟地掌握了。大鹿也是妈妈叫爸爸的称呼，儿子有时也随着妈妈这样叫他的老爸，他大概觉得妈妈用的词总是最好的。

"我长大了。"老爸回答。

"太小了。"儿子嘴一瘪，有点想哭的样子。儿子在说他自己。

如此强烈的自我意识与细腻的感受，让鹿永建至今难忘记。在当时的笔记中是这样写的：

"他今天的种种表现，与在大青虫上的震撼有关。他突然意识到自己与大孩子、大人是不同的，他在大青虫上是怕的，怕得有点受不了，而别人是不怕的。他产生了成长的强烈愿望。尔后他在碰碰车上进一步受到刺激，强化了成长的愿望。所以，他要在平地火车上寻找自己安慰性的满足与实现，他反反复复地把玩方向盘而不肯下车。回到家里，他玩生日礼物得到自我认可，所以才想拼命玩，并不仅仅是觉得好玩。

"接下来，儿子躺在床上，像大人那样总结了一番：大龙车有点怕，大青虫（停顿）更怕，大猫车不怕，木马车不怕，警车不怕，狮子车往前一跳一跳（不怕）。他把他以前坐过的所有的车都总结了一番，包括在其他地方坐过的车。

"接下来，他口气一变：'自己坐大猫车，自己坐大龙车，我自己坐，大鹿，你在一边看着。我自己坐木马车、自己坐大青虫车……'

"这是他畅想自己长大之后的光辉前景了。一个想长大的孩子，会长得更快、更好。这一天，可以算是他告别婴幼儿阶段，向着一个有独立思想、有独立意志的男孩子的迈出第一步。

"钱红林说，我们一定要好好培养他。"

评点

快乐、自律和颇有追求，是儿子生命的底色。这与他生命的头两三年有极大的关系。很多孩子则不然，按照一些家长的说法：他们的孩子小时候看着挺可爱，后来越大越让人烦。其实，问题可能出在家长身上。

南宋的袁采对于人性和家庭教育颇有洞察力，他在《袁氏世范》这本家庭教育名作中说，他发现了家长育儿中这个常见的现象，就是踏上"溺爱与憎恨的跷跷板"。什么意思呢？孩子小的时候，不管做什么，家长常常不分对错，一概认可，加以溺爱。孩子大了以后，看子女什么都不顺眼，一概加以否定，甚至动辄呵斥。

按照现代心理学来分析，溺爱婴幼儿，因为某些家长虽然已是成年，却有内在的幼稚，觉得孩子天真好玩，不明白孩子也有复杂的人性，以为长大了自然就会学好。后来发现子女长大之后，并没有像自己希望的那样"树大自然直"。还是有这样那样的毛病，而且毛病越来越明显，又不像幼年那样奶声奶气地好玩了，做父母的，不由得心生厌恶，又没能力引导和教育，就随自己的心情，没鼻子没脸地加以批评。

当父母的，如何避免踏上溺爱与憎恨的跷跷板？就要在孩子一出生，既要宠爱孩子，又要有效地立规矩。

童年有相爱的父母陪伴，长大后心里会有一片
很深很大的湖——湖的名字叫作：勇敢和温柔

小鳄鱼在水里为什么会很快乐

"爸爸，你说小鳄鱼为什么在水里会感到快乐呀？"四岁零一个月的儿子，在妈妈生他之后第一次出差之际，给老爸鹿永建提出这样一个问题。

老爸回答，因为爸爸妈妈都爱他。儿子没有否认这爱，但是他的答案是："因为小鳄鱼在水里不用脚不用腿，因为小鳄鱼的脚和腿还没有长大。"

所有的父母都应当知道，小鳄鱼终将会长大，可以成为传说中雄霸江河的水中之王。但是，小鳄鱼还小，就是个小家伙，小家伙离开父母就不快乐。所以，孩子小的时候，舍得花时间陪伴是金。可能有人认为，这是对于时光的挥霍。也许吧，但这是人间最值得的一种挥霍。

一

像世间所有妈妈一样，钱红林深爱儿子。为了让她三十多岁时生出的孩子不缺少母爱，一直到孩子三岁，她每个早晨和晚上都与孩子在一起。

有一次，要好的大学同学推荐她到一家挺棒的教育出版社去工作，她也很喜欢。但要经常加班到很晚，儿子在家哭着哭着就睡着了，这让她心里实在受不了。

她清楚地记得，自己三岁之前，如果早上一觉醒来，发现妈妈不在身边，她心里那个空啊。她会马上就要去找妈妈，好在蹑手蹑脚出去买菜的妈妈很快就能找到。到了晚上，妈妈总在她的身边，把她当心肝宝贝。爸爸妈妈的爱就像空气一样包裹着她，给她的生命打下了经得起人间风雨的快乐底色。

儿子是她求来的、盼来的，就像自己是妈妈求来的、盼来的一样。黄昏时分，不到三岁的儿子有时会不由自主地哭起来，如果妈妈在身边，或抱着他，他的哭声就会由高转低，慢慢安静下来。他安静下来时，眼里就有一种平静，他就这样缓缓成长着。傍晚了，鸟儿要归巢，不到三岁的小孩子想找妈妈，天经地义。不能让他这样小的时候，晚上想着妈妈却得不到妈妈的爱抚。这会让他心里形成一个爱的空洞，以后恐怕永远也填不满的。这样的时刻，她认为自己的使命只有一个，就是赶紧回到孩子的身边。于是，在孩子的小床边，她打电话给大学同学，艰难地辞了她喜欢的这份工作。

不仅如此。那三年，她从来没有去外地出过一天差。她先是放弃去美国学术交流的机会，接着又放弃去法兰克福参加图书博览会的公差，因为那都要十多天时间，明显超出了儿子当时的承受能力。这样的承受能力，最早也得在儿子四岁以后。

日月如梭，儿子四岁了，七月份的上海书展不能不去了。公司同意周六去，下周一就回来。还有，居住在上海的外婆意外骨折，也应当尽快去探望。四岁的儿子，应当可以承受短暂的母子分离了。

经过充分的思想和物质准备后，老爸和儿子一起把妈妈送上了去首都机场的出租车。这是个周六。中午和下午，家里还有一个老大姐在家，专门陪着儿子。晚上，老大姐走了，父子俩不谈妈妈的事，就像两个大男人似的，镇定自若地洗澡、睡觉。儿子依偎在老爸的身边，提出要一起睡在大床上，老爸同意了。

周日下午，按照老习惯去紫竹院玩游戏。钓鱼很失败，就买了两三条鱼回来，让鱼缸充实起来。晚上，又是父子俩了，儿子满脸都是思念的表情，说，"我想妈妈了"。老爸抱着儿子，对他说，"妈妈明天就回来了"。其实，妈妈刚刚打来了电话。母子俩在电话里简单说了两句，互诉了衷肠，都哭了。

儿子接着对老爸说："我知道妈妈要出差。"

"你怎么知道妈妈要出差？"

"因为妈妈说的。"

儿子说："等我长大了也要出差。出半个月差。"

"那你老婆孩子怎么办？"

"那，我出一个星期差吧。"

二

回放一下。

妈妈提前一周，向全家特别是儿子说清楚了，这个星期六到下个星期一，她有一次外出，两个晚上加两个半白天。儿子则郑重宣布，他要在幼儿园全托，周一、二、四晚上不回家。

"孩子，你为什么要全托？爸爸妈妈不要你全托。"

此前，他也这么说过几次。当时，爸爸妈妈觉得他是好奇，是从众心理，他班里有好几个小朋友，是经常全托的。

现在的家长也不知道有多么的忙——忙自己的工作、忙自己的社交、忙各种自己喜欢的事情。至于孩子呢，那些家长的理念是，让孩子早点长大，适应社会。所以，两三岁的孩子，就可以在幼儿园全托。他们自己也可以出差、加班或干点别的事情。但鹿永建和钱红林的理念是，孩子心理的成长需要时间，孩子三岁前，晚上离不开妈妈。

儿子看到，小伙伴们的父母忙了，就纷纷把孩子全托在幼儿园。他似乎感觉到，这个世界上，对于很多大人来说，工作和出差特别重要，小孩子的感受则没有那么重要。他的父母虽然也很忙，但是坚持每个晚上回家陪他，他觉得有点特别。但是，他的父母会不会也变化呢？儿子提出也要全托，老爸事后分析，也许是儿子试探一下。

这次，妈妈也要出差了。他同时提出要全托，他一脸正式地说："我要适应适应。"

四岁了，每个晚上都有妈妈在身边的日子，看来要结束了。他依依不舍，但是，他也准备适应这一天了。

因为他强烈要求，妈妈出差前这个星期一，就果真让他去全托了一天。星期四他还要全托，因为周六就要准备出差，妈妈也就同意了。儿子接着提出，下个星期一也全托。妈妈坚决不同意，那时她已经回来了，要见到自己的儿子。

儿子就答应，下星期一就是妈妈刚回来那天，他晚上也回家里来住。

妈妈回家前的那个星期天晚上，也是四年来，老爸真正独自带儿子的第二个晚上，把儿子抱在腿上，也问到这个问题："儿子，你为什么要全托呀？"

"因为，同学的爸爸妈妈都这么忙，我也想让你们忙事情。"

三

这个星期天的晚上，近九点钟。父子两个人做起男人们爱玩的游戏：下象棋。下着下着，儿子带着哭腔提出一个问题："爸爸，你说小鳄鱼为什么在水里会感到快乐呀？"

"因为爸爸妈妈都爱它呀。"老爸把对面的棋手抱到膝上，儿子又想妈妈了。

"爸爸妈妈为什么会爱它呀？"

"因为它是爸爸妈妈生的呀。"老爸又把爸爸妈妈爱他的事情说了好多，而且告诉他，妈妈明天就回来了，这事是确定的，不会变的。儿子又平静下来，父子又下棋。

小鳄鱼是家中玩具系列中较有资历的一位，可能是某次运动会的吉祥物，一个朋友的孩子送儿子的。这是个变形的扬子鳄，绿衣小家伙，头奇大、身子很胖、腿很小很短。和儿子一起玩这个小家伙的时候，发现了它的特点，老爸就唱道："我的脚又短，我的腿又软，我走不动，我跑不快。"然后拎着它，模仿一只鸭子的样子行走。

儿子就开心，也跟着唱："我的脚又短，我的腿又软，我走不动，我跑不快。"

最后，父子一起让它翻一个跟头，下场。

办公室来电话了，一个紧急事务，不得不通过电话处理。在此过程中，儿子又哭起来了，他一边哭还一边说着什么，还提到了小鳄鱼。事情终于办完。儿子坐在老爸膝上说，"我又想起小鳄鱼了"。老爸免不了再安慰他一番：明天妈妈就回来了。

那天晚上，老爸不知道儿子说起小鳄鱼时想说什么。

次日，妈妈回来，万事大吉。晚上，大家又说又笑，快乐无比。在这种氛围下，儿子又提起了小鳄鱼，不经意之间，给出了自己的答案：

"小鳄鱼在水里感到快乐，因为小鳄鱼在水里不用脚不用腿，因为小鳄鱼的脚和腿还没有长大。"

说完，儿子走开了。他迈着就他的年龄而言已显得健硕有力的双腿，模仿那可怜的小鳄鱼无力无助的样子，一摇一晃地走到另一个房间里去。就这样，儿子带着感恩、感伤和留恋，半是顺应、半是主动地告别了 0 到 3 岁的时光，告别了每个晚上都有妈妈精心陪伴的时光。

四

后来的日子，妈妈每次出差前，也都要仔细考量时间的长短：外出时间绝不超出儿子承受的程度。

儿子十岁之后，鹿永建和钱红林在各地从事教育活动，凡是能带上孩子一起的，就带着他。爸爸妈妈是教师、专家，他是小小的志愿者。

十二岁的一天，妈妈去上海看外婆。老爸看着儿子的眼睛问他："妈妈去上海这几天，你能行吗?""没有问题。"是的，过往十二年父母之爱，在他心里已长成一片澄澈而深沉的湖。

初中和高中，没有送孩子去住校，因为发现儿子在家里特别快乐，也因此陪他度过了难熬的青春期。高二之后，明显地感觉到儿子的心灵与身量以惊人的速度在成长。虽然他特别爱父母和这个家，但他的心已经在预备离家远行。十九岁的一天，儿子远飞外地去读书。上车前，他郑重其事地向住了十九年的这个小区鞠躬告别。

事后的情况证明，他在这个家里所得的爱、价值观和亲密关系，帮助他熬过三年新冠疫情的极端孤独、学业艰难和生活挑战。现在，儿子不在身边的日光越拉越长。每周一次，全家三口人通过微信语音交流，亲子之间牢固而坚韧的感情纽带，在通话时显得那样真实、有力和珍贵。

回想这十九年一家三口在一起的时光，就是搬来世上所有的金银，也绝不会与之交换。

观点 ● ● ● ● ●

4岁第一个月，面对妈妈要出差的事情，主动提出要去幼儿园全托。这是一次健康而细腻的告别，是一个四岁孩子依依不舍地与妈妈完全陪伴的日子告别。

孩子0到3岁，母亲就是他的天。6岁之前，父母是孩子的英雄，是孩子坚固的堡垒。了解这个事实的父母，多半会克服困难，踏踏实实地陪孩子过童年。孩子6至12岁，家庭中依然应当以孩子需求优先。13到15岁，子女进入青春期，父亲母亲不能缺席。16至18岁的高中阶段，如果孩子心智已经比较成熟，当寄宿生不是完全不可以，此前最好不当寄宿生。

有些父母以为，让孩子越早独立生活，将来孩子就越能够独立和自信，这不符合人的成长规律。真实情况是，得到父母18年陪伴的子女，才是拥有爱和信心的小王子、小公主。这样的小王子、小公主，有更坚韧的心态面对复杂的社会场景，有更丰富的一手经验处理亲密的家庭关系。他们退能独善其身，远行则有力量。当父母老了，这样的子女会牵挂你、安慰你、尽力来陪伴你。

因此，孩子小时候，舍得花时间陪伴，是人间最值得的时间投资。

每天送孩子上小学的这段时间，有的家长忙着给孩子背单词。其实，从家庭到学校这段移动空间，还有更智慧的用法——

小学阶段，乘车交友记

　　儿子长大，进入北京一所有名的实验小学读书。当父母的，免不了每天早晚送上学、接下学。因为当父母的已经在研习家庭教育，所以就边学边用，将儿子从家到校这段时间，打造成品格成长的流动空间。其中一些有趣的小故事，记载下来，给其他家长一些借鉴。

一

　　小学的一二年级部位于清代某郡王府，朱红色大门早晨吱呀吱呀打开，奥迪、奔驰、凯迪拉克，名牌轿车停了不少，可爱的孩子们走下车。老爸鹿永建带着儿子从地铁里走出来，儿子高高兴兴地又蹦又跳。老爸知道，终有一天儿子和同学会谈爸爸的车子，比家里的房子；比到最后，就像奥运会比赛一样，金牌得主心满意足，其他人不免灰溜溜。

有一天早上，一辆标志特别的小车停在门口，一个可爱的孩子从车上走下来。老爸准备好的话出口了："儿子，你看，大多数同学父母都有车，你爸爸现在还没有学车。将来买车的话，也不会跟别人比车。我希望你也不比。

"儿子，你不要跟你同学比车子、房子、名牌衣服，那都不是你们自己挣的。你要跟你的同学比身体棒，比性格好，比学习专心，这是你们可以努力的。

"我还希望你明白，我们已经尽力为你创造了最好的条件，我们问心无愧，自己心里也很高兴。我们应当得到你的感谢。因为，是我们为你创造了这个条件。"

儿子说："明白。"

从后来的表现看，他真没有受社会上攀比之风明显影响，可能与这剂"疫苗"有点关系。

二

挤地铁毕竟消耗体力，而小学生体力有限。为了儿子上学交通更便利，鹿永建和钱红林开动脑筋。

班里有个同学，两家相距三百米，父母驱车送他上学。

与他父母商量好之后，老爸和儿子搭他们的东风雪铁龙到学校，每次付他十块钱。早晨七点钟，汽车门"嘭"的一声关上，早晨的移动小派对就开始了。

一辆车就像一座两间小屋的"迷你"房子，两个老爸坐前面，儿子、同学、同学妈在后面。距离一下子缩短了，交朋友的机遇就像夏天的满架葡萄，随手可得。

孩子需要朋友，独生子女尤甚，没有朋友的孩子满脸写着"孤单"二字。同学不都是朋友，邻居也未必是朋友，只有朋友才是朋友。要想成为朋友，就必须进入对方的一部分生活空间，在最真实的私人交往中密切接触。比如说下课后到对方家里去玩。玩也不是一年玩一次两次，而是差不多一个星期一次，甚至下课后就待在一起。这样，两个孩子互相熟悉起来，经过一番"战斗"，学会向对方让步，学会相处，学会互相接纳，你中有我、我中有你，方才成为朋友甚至密友。

给儿子在家附近找朋友，妈妈钱红林早已动手。上幼儿园时，她动员小同学到家里玩，然后去对方家里回访。

最大的问题是，两个孩子怎么能够玩到一块儿去。遇到一个强悍的小男孩，被对方压制住了，怎么办？儿子就遇到这样一位，两个人一见面，好一会儿，然后就开始小打小闹，后来两个人达到平衡，不见面就互相思念，活活一对小冤家，很遗憾，后来这孩子搬走了。

接下来遇上一个老实孩子。人天性里就有欺软怕硬的倾向，儿子老是欺负他。钱红林很严肃地跟儿子谈："他是你的朋友，比你慢一些，弱一些，你应当帮助他。你不能欺负他，帮助别人才是男子汉。你欺负自己的朋友，将来就没有朋友了。"儿子收敛了一些。

找朋友的过程中，也可能遇到有明显品格问题的孩子。遇上这种孩子，要慢慢与他们拉开距离。毕竟，孩子在成长，必须择善而交。

至于搭车交友，另有一番天地。移动小派对里面，有大人有小孩，有时唱歌，有时讲笑话、脑筋急转弯，有时猜谜，有时背功课。儿子同学的父母在金融机构工作，女的叫王律师，优秀而且要强，经常加班，夫妻俩经常在开车时讨论这个事情，甚至争吵，鹿永建也为他们劝解。两个孩子之间，开始时都是彬彬有礼，后来就不那么客气了：你地方占多了，我地方占少了，你想开窗子，我想吹空调。然后就是小打小闹。王律师有时把我们的儿子揽在怀里，爱个不够，她儿子不免争风吃醋，儿子居然争个不休、丝毫不让步。经过几次大战之后，两个小孩子建立了彼此尊重的关系，成了好朋友。两同学之间的友谊后来一直延续着。

花无百日红，这位同学举家搬到了另一个地方，就又找到另一家邻居。这家的孩子，儿子从小就认识，又一起进入同校同年级的不同班。起初找他们商量搭车，对方不感兴趣，才换了本班同学。本班同学很快要走了，再找他们商量："你看，两个孩子成了好朋友，对孩子多有好处哇。"事实摆在那儿，他们爽快同意了。

早晨移动小派对的时间没变，路线没有变，主人公变了一半，特点也随之发生变化。最大的挑战变成了开车前，这孩子经常要再上一次厕所，儿子就得经常等他。看看表，又来迟了。看着越来越不耐烦的儿子，老爸开始为他讲道理："你不能指望什么事情都称心如意，这个世界不是我们能够控制的。所以，我们必须学会适应。你适应了这样的情况，你就有了耐心，将来你就可以耐心地应对各种不同的情况。如果你遇到不如意的事情就着急，耐不住性子，将来只能一事无成。"

面对着二年级学生被这样讲道理，他皱着眉头，耐心地听着，最后没有好气地说："知道了！"

"说好七点十分，你迟到了五分钟。"车一开动起来，儿子就指着同学鼻子表示不满，小派对的气氛一下子紧张了。"我们冯老师要求我们四十分到校。"儿子不依不饶地说，同学板着脸不吭气。

儿子同学是个虎头虎脑的孩子，很聪明，但是脾气有点大。两同学一起在家里玩的时候，他不高兴了轻易不说，一生起气来火冒三丈，立即与儿子打起来。

"讨厌！"这次，儿子的同学在移动派对里突然火气爆发，而且大哭。估计他在卫生间蹲了不少的时间，但劳而无功，已经非常不爽。儿子在老爸目光的注视下闭上了嘴。事后，我们抓紧对儿子进行情景教育："如果别人在这种时候埋怨你，你会怎么样？你也会不高兴，对不？所以你不应当在这种时候责备他。"

当然啦，早晨的多数情况，儿子的同学会急忙坐进车里，眼睛迷迷瞪瞪，显然刚刚睡醒。过一会儿，两人在车上有说有笑，也成了很好的朋友。等这个同学也带着深情厚谊搬到新居，移动小派对时代就结束了。

三

进入三年级，每天早晨步行十多分钟把儿子送上一辆校车。校车上都是同学校的同学，有一位还是同班女生，又高又大。有一段时间，儿子回家就闷闷不乐，问他，答曰："没事！"

"是学校老师批评你了？"

"没有。"

“是跟同学打架了？”

“没有。”

妈妈想尽了办法，终于问出了底细。那个又高又大的女生，在校车上故意寻他开心，说了一些蔑视的话，还给他起外号。儿子不搭理她，她反倒更得意。

“你可以严肃地告诉她：你别再这样了，我不喜欢这样。”

“她如果再给你起外号，你可以把这个外号还给她。”

爸爸妈妈主意出了不少，看来效果不佳，儿子依然闷闷不乐。

有一天，儿子高高兴兴地回来了，说：“她不敢给我起外号了。”

“你是怎么解决问题的？”爸爸妈妈一起上前，都想看看到底是谁的教育结出如此香喷喷的果实。

“我说，你再给我起外号，我就揍你。”她吓得不敢吭声了。

“你是从哪儿学来的？”老爸谨慎地说：“我可从来没有教你这样对待女同学，我的教导是：你要成为女性的保护者。”

“我就是跟你学的。你有时笑着对我说：不听话我就揍你。”

"原来是这样，那我可是开玩笑。"

"我也是开玩笑！"

评点 ● ● ●…

这个故事的主题，是基于生活场景的家庭教育设计。

美国的实用主义哲学家、心理学家、教育家杜威说，教育即生活。

杜威的中国名学生之一、爱人爱教育的陶行知先生说，生活即教育。很多教育工作者和一些家长，对这两句话很熟悉，也很佩服。

的确，应当抓住生活中点点滴滴的时间，对孩子进行影响和教育。越是真实的生活场景，越是教育的好机会。凡是有挑战的生活场景，就是最重要的教育机会。但是，要让真实生活展现出更多的教育价值，有时要动动脑筋，主动地做些设计。

因此，有心的父母不仅会抓住生活中的机会，对孩子进行影响和教育，还可以将生活中的场景稍加改造，创造出机会，让孩子得到更多的教育价值。比如说，故事中的搭车上学，就是刻意地创造出来的机会，目的就是让孩子多交朋友。事实上，通过搭车交下的两个同学朋友，也的确成为儿子的好朋友。

身为家长的读者朋友，不妨想一想，你身边的哪些生活场景，稍加改造，就可以为孩子带来更多成长机会。

> 如何花时间、如何花钱，展现着最真实的价值观。因此，孩子的生日礼物，值得小题大做。

十岁男孩的生日礼物

2009年夏天，没有什么能比脚穿一双洞洞鞋走在大街上更酷的了。这种当时刚进入平常百姓生活的鞋子，十足卡通、百分奇特、千般舒适。

现在，给家长朋友讲一个当时的故事，一双小洞洞鞋生出一双大洞洞鞋的故事。如果听了心中怦然一动，就把这个故事讲给你想要祝福的人。如果听了觉得意犹未尽，也欢迎来找故事中的主人公，一起讨论研讨一番。

一

鹿永建和钱红林的儿子十岁生日快到了，家里弥漫着人人开心的气氛。

对儿子来说，从一岁起，生日礼物就是了不得的大事情。按照约定，这个十岁生日，妈妈给儿子买了新的玩具，又准备买新的衣服，大家皆大欢喜。星期天又会有妈妈的朋友准备送他礼物，岂不是更加开心？

朋友说，有两种礼物可以让他选择。要么送他一套大圣魔术最新版的套装。要么送他一双鞋子，就是这年夏天很流行的那种，现在人们一般称为洞洞鞋。儿子立即选择了魔术套装。

大圣魔术套装，家里是有的，是六一节的礼物。顺便说一句，儿子可是个小魔术师！对于魔术的兴趣和自学魔术所达到的水平，让他在父母的朋友圈子里赢得不少的掌声和喝彩！但是，那件礼物，并没有激起儿子多大的兴趣。

但是，儿子非得要这个东西呢。谜底很快出来了，因为他的最好的朋友有一套新的，所以他也想有。

他妈妈对他说："你再要一个魔术套装，那是明显的浪费，爸爸妈妈不同意。"在朋友的家里，大家都有点不大愉快。

二

事情的转机是慢慢发生的。

儿子在父母一致的意见和坚定的意志面前，明白了一件事情：拿着与上次魔术套装差不多的所谓最新版，到好朋友面前炫耀一番，这事看来要泡汤了。

于是，他就对于那双十分"难看"的洞洞鞋进行攻击，并表示：如果给了他，他只在家里穿，坚决不穿到外面去。至于妈妈给他买衣服的事情，他也表示拒绝，他说有自己的主意。他明显是赌气。

关于妈妈给他买衣服这件事情，老爸想做个和事佬，就给儿子讲自己人生体会："你看，我的衣服，都是你妈妈买的。这么多年之后，我已经明白了一个事情：你妈妈在买衣服方面是我们家的专家，她为我买过这么多衣服、鞋子，即使我当时不觉得好的，事后也会明白你妈妈是对的。你相信她吧，没有错。"

"你这么崇拜她呀！"

"这不是崇拜，是信任。有人可以信任，干吗不呢？"

当然，如果儿子坚持只在家里穿，爸爸妈妈也表示尊重儿子的权利。于是，在家里的餐桌上开始认真讨论：如果儿子只在家里穿的话，过两年，就把这双鞋子送给外婆穿。但是儿子还在攻击这双鞋子：世界上最难看的。

说实在的，对于朋友要买给儿子的礼物，这么僵持不下，是不是多少有点小题大做？当父母的心里也有过这样的犹豫。要不就这么算了，哪怕只是为了免得让朋友觉得尴尬呢？因为朋友似乎也倾向于同情儿子，建议按儿子的喜好去选。

但回头又想，这不符合这个家庭的原则。像儿子这么大年龄的孩子，涉及花钱的事情，必须在父母的管理之下。这个礼物的事情，坚持由父母来决策，也想借此塑造他务实的品格，帮助他尽量与虚荣心拉开点距离。

又一个早饭时间，又要碰那个令人不愉快的话题了，意外地发现儿子开始松口了。他很不情愿地说："你们是强迫我，我抗议。"但他的口气已经软软的，就像谈判对方回到谈判桌前，在妥协前想捞一点补偿。这个补偿，首先是给个台阶下！

"儿子真棒，儿子开始转弯了。他真是很善于转弯。他将来一定会成为一个特棒的人！"

"你们强迫我，我抗议。"儿子的声音越来越可爱，简直就是在撒娇了。

妈妈很快给朋友发出了信息，一个礼拜天的下午，一起到了北京朝阳区的世贸天阶，买到了那双儿子"深恶痛绝"的洞洞鞋。没两天时间，儿子就喜欢死了这双怪怪的东西，因为穿着实在太舒服了。而且，这双鞋子引来众多同学羡慕的眼神。

三

接下来的周五，妈妈钱红林决定参加一家旅游公司搞的活动。

这个活动的内容是，全家参加他们的旅游产品介绍两个小时，可以得到往返北京与海口之间的免费机票而且一年有效。经过两次讨论之后，妈妈非常想参加这个活动。老爸表示同意，只是为了满足妈妈的愿望。说实在的，对于那种天上掉馅饼的事儿，老爸心里根本就不信。一家人来到了大望路地铁站附近的一个地方，在一个震耳欲聋的洽谈室里坐了一会儿，全家就都跑了出来。钱红林不再说什么了。

如果鹿永建起初不同意来这里，那将可能是一场决不出胜负的家庭争论。可是如今，花了不到一个小时，钱红林的心愿完全满足了。全家集体决定到世贸天阶去逛逛。就在这个时候，儿子坚决提出，要给老爸买一双洞洞鞋，替下那双"特别土的旅游鞋"。

"我有一双皮凉鞋，买了这双，那双就没有用了。"鹿永建非常不愿意为自己花钱。

"不，我用我的压岁钱给你买。"儿子大义凛然地说。他的压岁钱总共不过几千元，这种鞋子要两三百元，可是一笔大花销！

"你这双鞋太土了。一定要买。"儿子又可爱又坚定地说，不买他就不高兴了。

后来，全家来到世贸天阶地下一层，找到那个曾经让儿子"深恶痛绝"的洞洞鞋店，老爸挑选出一双和儿子那双价格一模一样的洞洞鞋，穿在脚上，从店里走了出来。果然，这鞋子很舒服，又时尚。看得出来，儿子比老爸更有成就感。得到儿子尊敬和爱的体验，这感觉好棒啊。

那天晚上，如果老爸不满足妈妈的愿望，到大望路逛一逛，也就不可能有世贸天阶的一逛。这样，儿子也许想不到要对老爸的鞋子加以改造。买好东西之后，全家在世贸天阶一侧的饮料吧坐下来，看着美不胜收的天阶景色，喜悦的河流从心里流到脸上。

这就是一双小洞洞鞋生出一双大洞洞鞋的故事。

评 点　● ● ● ● ●

曾国藩说过，名门望族，要有寒士之风。此话的妙处，要好好体会才能明白。因为不少家长觉得，自己过去打拼多年吃了苦，要让孩子生活得舒服，孩子要什么有什么，才觉得心安。也许家长自己心安了，但是对孩子有长远的益处吗？没有。

美国福特家族不可谓没有钱。但是，他们养育儿女的保留节目是，小孩子要在家里擦皮鞋、在草坪上割草打虫子，以此挣零用钱。结果呢，福特家族，百年来人才济济。

而曾国藩更是力行"寒士之风"。他成为晚清重臣后，家里晚上仍常常响起嗡嗡嗡的纺车声，摇动纺车的并非佣人，而是曾夫人等一干"贵夫人"。受其影响，曾国藩家族几乎人人自立自强，人才辈出。

对于普通的家庭来说，生活稍感宽裕之后，依然保持寒士之风，更有必要。这对养育儿女品格、避免孩子成为啃老族，很有益处。

孩子在青春期，亲子冲突可能会不期而遇。父母要以爱与忍耐化解，至少避免冲突升级。

一只沾染火药味的青春期"纪念杯"

与青春期的子女"和平"相处，是众多家长都发怵的事情。这个自曝"家丑"的小故事，可以安慰这些家长：即使发生了亲子冲突，也有办法缓解冲突，化解矛盾，亲子共同成长。

家里厨房窗台上好几年特意"展览"着一只站立不稳的星巴克杯子。是鹿永建最喜欢的那种金属杯，曲线的形状，闪耀着金属的质感，杯子中腰有个橡胶的套子，正好舒舒服服地握在手中。只可惜，杯子的口已经变形，无法与完好的杯盖匹配，杯底也部分扭曲，包不住原本那个柔软地接触平面的橡胶块，杯子因此失去了原本的使用价值。

这杯子被刻意保留在厨房的窗台上，因为它记录了2014年1月4日早晨，家里一次比较严重的亲子冲突。当时儿子十四岁半，标准的青春期少年。这次冲突不期而遇，有父母一方的直接责任。冲突得以迅速化解，也得益于父母一方的冷静处理和适度退让。

一

1月4日，尚是一年之始，又是周六，家里弥漫着假期的气氛，本来应当是家中最美好的早晨之一。

周五晚上是家里惯常的家庭电影晚会，一般是坐在沙发上看经过挑选的、有意思的电影。儿子进入初中前，挑选电影的工作由老爸承担。儿子进入初中后，把挑电影的任务、也可以说是一种权利接了过来。看完电影之后，全家呼呼大睡前，儿子会要求妈妈过来，在他的小房间跟他再聊一会儿。躺在自己的床上，听妈妈说一些暖心的话，这是他从小养成的习惯。

这个周五晚上，儿子睡觉前，一再要求妈妈，明天别忘记去参加一个教育培训机构举办的活动，是关于复习备考的。当时正值儿子初中三年级上半学期之尾，再过半个学期，就要迎接他当学生以来最严酷的一次考试，中考。

2014年1月4日早晨，妈妈钱红林醒得比较晚，她上周一直都在经历职场上的严峻考验，好不容易到了周六，想多睡一会儿。醒来的确切时间已经不记得，但是有一点是确定的：儿子周五晚上一再叮嘱不要迟到的活动，已经不可避免地要迟到了。

妈妈很着急地一边向儿子道着对不起，一边着急地出门去赶这场活动，也没有顾上吃饭什么的。

十四岁的儿子，在妈妈刚刚冲出门之际，开始爆发出一阵粗野的脾气。他首先是开始嘟嘟囔囔，说一些很难听的话。他身高一米七五左右，眉清目秀，奔跑的速度全班靠前，躯体的力量全家首屈一指。这位家中正在成长中的男子汉，这种话从他口中出现，在平时不仅绝不会被父母容忍，他自己也绝不会容忍的，但是现在却冲口而出了。老爸的火气自然也上来了，但是轮不到老爸发作和喝住他，他的火气进一步上升。

他来到厨房，完全没有在意老爸也在厨房的空间之中，仿佛老爸是空气。他先是随手拿到一些身材单薄的普通金属餐具，把它们视为敌人，像拧麻花一般、轻而易举地悉数摧毁。然后他继续寻找劲敌，结果拿到一个德国生产的炒菜铲子，一个极厚重结实的金属铲子，让人可以想起德国人生产的、用于在地下挖隧道的盾构机，还可以让人想起"二战"时纳粹德国杀伤力极强的虎式坦克。不幸的是，它现在落在了正在愤怒中的儿子手中，成为发泄不满的对象。于是乎，平时八面威风的德式炒菜铲子挺拔而笔直的躯干部分，在

14 岁少年手中痛苦地变得弯曲，就像一位强壮的人，在巨石的重压下不得不弯了腰。

看到这一幕，学习和操练过十多年家庭教育的鹿永建，在处于不可遏制的怒火中的青春期少年面前，及时冷静下来，识趣地闭上了嘴。

二

儿子显然心中充满了失望和愤怒。"为什么不能早点去，答应得好好的。""为什么不能早点走，昨天晚上我说得清清楚楚的。"极度的失望、中考给予他的压力，这时叠加一起了。

前者，是父母失信给他带来的极大的失望。

潜意识里，父母觉得这个活动意义并不太大，甚至根本就没有什么意义，不过是教育培训机构利用初中生中考压力而设计的商业性活动。但是，父母的的确确答应了儿子。

后者，他在中考之际，的确也面临不小的压力。

他在这所中学的成绩排名一直在向上升，但是依然不能进入学校毕业班前二十名，而这所学校在北京西城区的排名近两年又下滑了。当年，北京初中考高中全面取消了择校生，高中录取完全是按成绩录取，中考差一分就有可能不被心仪的高中录取。儿子经常笑着说，班主任老师拿"进三类校"来敲打不用功的学生，但是他显然并不想成为进入"三类校"的一族。

儿子可不是文弱少年，他不仅能轻松地跑五千米迷你马拉松，还能一口气完成中考体育要求的 14 个引体向上，又长着一双大脚一双大手。所以，他打败了妈妈常用的、德国人生产的超级坚固的炒菜铲之后，怒气未消的他找到了老爸常用的星巴克金属咖啡杯，并发起了猛烈而有序的攻击。

儿子先把杯子拿在手中，在厨房的大理石台面的边棱上用力地磕，磕的就是平时接触老爸嘴巴的杯沿，似乎是谴责老爸和妈妈的言而无信。儿子下了很大功夫，只在杯子沿下面磕出一个凹，但奈何不了喝水时所接触的坚固圆口。随后，他将杯底向上，拿在手中再作进攻。他拿着杯子向白色大理石台面的边棱进行有节奏的撞击，一下，两下，三下，十下，二十下，三十下，经过几番敲击之后，他在杯子下半部分的一侧留下了三四条不可逆转的创伤，但依然没有罢手的意思。

他可能在攻击中偶然发现，杯子最薄弱的地方是在底部，所以随之将最后的怒气都撒在杯底了。的确，杯底嵌着一块优质的橡胶皮垫，环包它的是这个金属杯中最薄弱而重要的部分。发现敌人弱点后，儿子乘胜追击，不费几个回合就把杯底金属边打得丢盔弃甲，迫使其交出柔软的胶皮垫。这样，杯子就不大可能像过去那样气定神闲地站在那儿面带微笑，顶多只能像不合格的不倒翁那样，在台面上谨慎而尴尬地摇晃着。

当时，看着儿子从骂骂咧咧转而全力对付家中最坚固而实用的餐具，老爸一边有点心疼那些价格不菲的餐具，另一方面多多少少觉得多年的家庭教育虽败犹荣——儿子在火冒三丈时也只是拿东西出气，让在他身边咫尺之远的老爸充当冷静的观察者，而不是沦为受害的当事者。

所以，看到儿子已经基本上发泄完火气之后，老爸及时提醒他：差不多了，不要再损害自己的财物，发火对自己身体没有好处。

全部过程半个多小时。

三

那段时间正是老爸和妈妈分别身处最紧张的职场关系中的时刻。随后，老爸还生了一场病。

随后，就是那个周五晚上，爸爸妈妈都放松下来，准备度这个可爱的周末。对于儿子那个重要而满怀期待的请求，答应是答应了，但那是漫不经心的答应。对于儿子情绪中的一些负面情况，也失去了平时的敏感和觉察。这类情况，在家里很少发生，但这次的确发生了。

于是，这个火药味的早晨，来了。

两三天之后，儿子情绪完全平复，又恢复到可爱儿子的样子，妈妈也诚恳地向儿子道歉，再次承认自己没有履行自己的承诺。

老爸看到说教的时机已到，就正式和儿子谈了几句，指出他有失望情绪时候应当大声说出来，比如说：这让我太失望了，让我无法接受，完全不能接受，让我很受伤害。这些都是可以的。声音大一些也是可以的。但是不能说粗话，也不应当损害财物。老爸要求儿子写检讨，他答应了。但是后来并没有写，也就作罢了，因为儿子已经口头认错。

根据老爸提议，那只完全失去实用功能的杯子，仍然放在厨房，放在全家三人能随时看到的地方。它，作为这个火药味的星期六早晨的"纪念杯"，提醒作父母的：不要在给孩子作出承诺之后，却不尽力去兑现承诺。它，也提醒儿子：在别人的错误面前要有自控力，必须做出正确而非情绪主导的反应。因为，任何一次发火的言与行，都会在这个世界上留下很难抹去的痕迹，就像这只"纪念杯"一样。

这篇文章刚写出后，在广东一个朋友的家庭教育平台上发表了。她很喜欢这篇真实而生动的文章。

她认为这种真实的家庭教育，能帮助家长面对真实的场景，解决实际的问题。

其实，真正有效的家庭教育是面对真实、丰富而复杂的人性，做出深入的思考和分析，提出切实但不完美的方案。家长们从这些方案中得到启发，运用自己不断积累的养育孩子的经验，面对复杂的家庭教育场景，作出自己的应对。

这些应对或许常常是不完美的。尤其在孩子青春期的时候，可能还会有些意外事件，甚至冲突。但是，亲人们的相爱和宽恕，使得这些不完美的应对，变得有效、美好，带来亲子共同的成长。

这个"纪念杯"事件，也是如此。

真正的成人礼，是像成年人那样独立面对生活、学习与工作中的挑战。

十八岁那年，一份特殊的成人礼

孩子十八九岁，一般来说要送出家门了。不管送去上大学，还是送去工作，送出家门的，应当是成年人。当然，是初步的成年人，因为十八岁被称为成人早期，成人早期阶段要到二十五岁才画句号。

忽略这一点的家长，可能不在少数。他们送出家门的子女，在生理和年龄上已是初步的成年人，但是这些孩子中的不少人在心理和行为上仍然留在未成年人的阶段。这可能给下一代未来的人生埋下隐患。

别着急！下面的这个故事，记载一个十八岁的小伙子，在准备远行求学的一年中所经历的事情。奇妙的是，这几件事，促成他真的长大成人。这可以告慰众多家长，如果当父母的处理得好，孩子十八九岁所遇到的大小事情，正可以帮助他在心理上跨入成人世界。

一

参加过高考之后，儿子与同窗好友去南方玩了两三天。随后，妈妈钱红林与他一同考察了两家英语培训和出国留学咨询机构，选中其中一家，他就开始意气风发地猛攻英语。

刚刚经历三年高中的艰苦学习，尤其是高三巨量题海苦熬的少年人，仅仅休息一周时间，就兴致盎然地投入高强度的出国英语学习。老爸鹿永建不由得感叹：盼望的力量和青春的活力，真是太燃了！

培训机构就像个学堂，每天从早到晚背英语，操练对话，了解美国文化。老师多来自美国宾夕法尼亚大学，教学方法、沟通文化的确与国内公立高中大不相同。似乎，儿子身在北京，有只脚已踏入美国教育的园地，这种新鲜感让他兴奋。国内公立高中形成的艰苦学习能力举世闻名，也大大帮助了他。第一次托福考试成绩出来，培训机构比他大不了几岁的、可爱的女教师（这些不到30岁的海归称学生为孩儿们）"感动得哭出来了"：97分，满分是120分。这样的成绩，已经可以申请不错的美国学校。随后，他独自去香港参加第一次ACT考试，成绩也不错，28分，满分是36分。接着，他又参加了三次托福考试，成绩分别为97分、98分和99分。儿子幽默地说，再考21次，就可以满分了。第二次 ACT 考试和第一次成绩一模一样，他说，因为四舍五入的原因，他的进步显示不出来。

二

从第一次托福考试开始，儿子就发现与国内考试不同的现象：经常有考试被取消，原因是有人泄露了考题。第一次赴香港考 ACT 的当儿，韩国和日本同期的 ACT 考试被取消，香港也有几个考场被取消，幸亏儿子的考场正常举行。

ACT 考试的考卷分成三四个部分，每个部分考完之后，按照要求考生不能再回看上个部分，但是考卷依然还在考生手中。这就对考生的诚信形成很大的考验。如果考生不能自律的话，很可能忍不住要回看上个部分的考卷。儿子说，在香港考试的时候，他心里也有这样的冲动，但是他还是管住了这种念头。他的结论是，这种考试监考很松，要靠考生的自觉。但是，这样的结论很快就被打破了。

第二次 ACT 考试是在韩国。儿子是第一次去韩国，准确地说是第一次单独出国境。因为妈妈的护照已经过期，来不及办理新的，也就不能和他一起去。儿子也不觉得需要父母陪同。全家一起讨论、在网上订了机票、酒店和行程之后，儿子就独自去首都国际机场了。

到达韩国的次日，儿子进入考场，一座楼有若干考场，有两千多位考生。每个考场都如临大敌，有两三个监考老师。

按照考试规则，中间有一段休息时间，考生们可以在一块自由交流，然后回到考场做接下来某个部分的考试卷子。

儿子说，这些考场的监考老师下了大功夫，休息时间他们把考生前面完成的考卷都拍了照，凡是最后交上来的卷子中前面的部分与拍照的卷子不符的，都算作弊。因为，他们没有遵守开考时所宣布的规则，他们在休息时间后又回过头去"照料"了不应再动的卷子。

结果有二十多位考生被认定作弊，当场被取消了考试成绩。儿子眼睁睁看着，他身后的一个中国考生被取消了考试成绩。那个现场让他印象深刻。监考老师用英语说："你的成绩被取消了。"

那位中国学生一定是如雷轰顶，然后极力辩解。

监考老师的立场毫不退让，但是又很客气，一再说："很抱歉，我很抱歉。"

这些考生那次的辛苦付出肯定泡汤了。不知这样的经历对于他们以后再参加考试有没有影响。也不知这次的失败，对于他们以后的人生是不是一次宝贵的教训。

在这个家庭中，守规则一个比一个严格。老爸鹿永建算是一个守规则的人，经常开口规则，闭口规范，但是比妈妈钱红林要差一些。她横过马路，常常绕行几分钟时间，为的是一定要走斑马线。儿子风格比较接近于妈妈，这次算是尝到守规则的甜头。

同样在这次韩国之行，儿子还经历了一次超越规则的法外施恩。

这是到达韩国当天发生的事情。下午五点左右，他发来信息说，已经入住韩国酒店。一直到他考完之后回到北京，才知道他入住酒店费了不少周折，差点就得打道回府或露宿街头。

酒店不大，服务生的英语真是一般，但是儿子算听明白了，韩国法定成年人的年纪是二十岁，十八岁半的儿子属于未成年人，如果没有父母陪同，酒店按法律规定不能接待。儿子当时一听就傻眼了。

在香港独自闯荡的经历和英语，在这个关键时刻起了作用。他先找到中国大使馆的电话打了，而且电话还被转到中国外交部，外交人员告诉他，既然是由携程代为预订的宾馆，就应当找携程，由公司负责处理。可是电话打到携程，不知为什么没有找到人。儿子一通忙活，酒店大堂经理一定都看在眼里。最后，这位韩国朋友主动提出来，不用再找人了。他决定把儿子收留下来，可以住店了。不过，他提醒少年人，下次一定记得要请父母来陪同。说完这话，这位韩国朋友主动把手伸出来，儿子也正好把手伸出来，两双手紧紧握在了一起，这一定像电影里那种令人感动的场面。

回家那天晚上，老爸对儿子说：这位韩国朋友，他超越规则是有代价的，就是自己要为收留未成年人承担责任和风险。凡是法外施恩的地方，有人得到本不配得的好处，同时必定有人替他慷慨地承担责任。不论法外施恩的大与小，道理是一样的。儿子遇上的这位韩国朋友，就为儿子承担了一定的风险。当然，韩国朋友一定对儿子进行了观察与判断，确认少年人在努力守规则。

韩国之行，儿子既体会了规则的可畏与守信的价值，又出人意料地经历了一次别人的施恩，成熟了不少。

三

这年的11月18日，儿子的外婆在上海家中突发脑出血，同时还有脑血管梗死，妈妈急赴上海。老人被送进新华医院急诊部，大夫很快发出病危通知，告知可能出现可怕的脑水肿，接下来一周极其困难。上天保佑，老人没有出现常见的脑水肿，语言功能也很快恢复正常。一周后，老爸来到上海新华医院，病床上的老人神志正常、语言正常、思维正常，额头上仍闪动家人熟悉和喜爱的祥和而美丽的光泽。

从2008年初儿子的爷爷因癌症去世，十年过去了，虽然上有老下有小，但是家中老人基本自己独立生活。从此时开始，奉养老人已成为人生重要内容。

事发前的一个多月，随着儿子英语学习强度有所减轻，老爸就对他说："你要把家务多承担起来，明年去海外上大学或在中国上大学之前，要能够做到完全生活自理。特别是去海外上学，要面临语言关、文化关，会非常吃力，如果还要面临独立生活关，就太不容易了，必须在家里把独立生活关过了。"

儿子看来明白这个道理，从此负责洗碗、打纯净水、买早餐面包等等，虽然活不多，但都由他自己管理。

老人发病之后，老爸的事情格外多起来。白天上班，周末外出，抽空还要帮助处理妈妈机构的事务。老爸就对儿子说："从现在起，不是老爸照顾你的生活，而是你要照顾老爸的生活。"儿子面对这样的"巨大转折"，看来心理上已经觉得理所当然了。

在家里，老爸会让他去干老爸本来随手可以完成的事，包括回家之后在沙发上坐下来，让他为老爸倒杯水拿来。老爸这样做，培养他不仅生活自理，而且让他习惯于照顾长者的生活。这样的要求，多少有点儿来得急促，儿子基本上欣然接受了。

有天晚上，儿子突然有点"反常"。

本来，妈妈和他商量好，两天之后的12月7日要到香港参加第三次ACT考试，已经订好酒店。但是，妈妈机构有项重要业务在12月8日开始。老爸提出，妈妈不要去香港了。晚上，老爸把这个意见说出来，妈妈没有什么不同意见，但是儿子很快就不开心了。

他说，不去香港考试了，考也是白考，最近没有复习。

老爸的心在某个地方被拨动了。儿子是大了，但是他的情感需求最近被相对忽略了。因为妈妈一直在上海照顾老人，儿子好久没有见过妈妈了，他期待着在香港与母亲一起相会，一起面对这场考试。这是他的一个小小梦想，也许是他对未成年生活的一次开心地回放。

小的时候，妈妈对他的情感需求可是精心呵护，四岁之前每个晚上都陪在他身边。后来，也是小心谨慎，细腻照料，百般温柔……

儿子长大了，他愿意成长，比如做家务，自理，开始照顾老爸。长大的儿子，他的生命中不时还流连于童年和少年之间，他的爱箱对父母开着，希望不时补充一些进去……

意识到这一点，老爸与妈妈一起与合作单位商量一番，把活动推迟到下一个星期。妈妈从上海直飞香港，陪儿子迎接最后一次考试。于是，那种恬然的开心又回到儿子的脸上。老爸拥抱他的时候，感觉到了这种开心。这天晚上，老爸又一次先他而上床睡觉，并对他说：儿子，把灯帮我关上。灯应声而关，老爸进入安宁的梦乡。

次日下班后，儿子不在家。老爸拨通儿子的手机，儿子说，晚上开始去别人家做家教，给初中一年级学生教数学，晚上九点钟回来。

十八岁的儿子，第一次在网上找到这份临时工作，以另外一种方式与社会、人生对话了。

总结一下这个成长故事。进入大学之前，富有激情地学习英语，可以说是自主学习的成人礼。独自赴韩国考试，在当地人自愿帮助下住进宾馆，可以说是与人相处的成人礼。靠着家庭教育给予他的诚信习惯，顺利胜过考试作弊的诱惑，可以说是诚信的成人礼。外婆不幸脑卒中后，按照老爸要求操练照顾老爸的功课，甚至找了一份补课的工作去打工，可说是生活与职场的成人礼。尽管走向成人，儿子的情感需求，仍然自然与美好。这与成长不矛盾，反倒是另外一种成熟，也可以说是别具一格的情感成人礼。

　　这篇故事记载一个少年十八岁时的人生成人礼。故事比较个性化，供读者从中体会、借鉴。

　　一般而言，走入大学校园或开始谋生的十八岁少年，应当具备什么能力，才算一个初步的成人呢？

　　生活自理的能力。能够料理自己的衣食住行，是成人的最基本的素质。那些有自理能力的大学生，在新冠疫情期间能够熬过去，并且较好地完成了学业。没有自理能力的，则大多逃回了父母身边，继续靠父母照顾，学业也受影响。

　　稳固的服务意识与理财意识。上大学的孩子，基本上靠父母供给，但不应以为理所当然，应当感谢父母的付出。要学会管理手中的钱，至少不能入不敷出。不论家里的经济情况如何，大学生或刚工作的青年人，用父母的钱搞奢侈消费，都是可耻的。

　　参与校园和社群公益服务的能力。从在大学校园中接受学长的帮助，到积极参与对新生的服务，这是一个很重要的转变。此外，在法律允许的范围内，行使政治权利、履行基本义务。

　　稳定和明确的家庭与婚姻观念。十八岁之后的心灵，美好的两性感情是人生重要旋律。虽然大学阶段进入婚姻的并不多，但是最好能对婚姻之道有知识性了解。

> "放手"是件极难的事,特别是对母亲们。愿这首出于钱红林人生经验与思考的诗歌,能给做妈妈的读者以共鸣、安慰和启发。

一位母亲的"放手之歌"

你知道吗

我们当初从女孩变成妈妈

手足无措

但欣喜无比

我们日日夜夜呵护初生小婴孩

喂奶　换尿布　怀抱

我们担惊受怕

怕小宝宝冷了　饿了　踢被子

我们从前的时尚衣服

换成了喂奶服

全棉的　没有款式的

我们的脸容也变了

端庄的　酷的　美丽的

全都变成了妈妈脸

虽然手足无措

虽然我们中很多人产后抑郁

但是　我们打心眼里愿意改变自己

使自己成为一名母亲

不管从前怎样被父母娇宠

怎样花枝招展

自从生下你的宝宝之后

你就是一位母亲啦

全世界都知道你是一位

全心全力地培养你孩子的母亲

你的时间被孩子占用了

你的精力　你的计划

你的岁月　你的春意

当然　还有你的金钱

你觉得好难熬啊　19 年

19 个 365 天

多么漫长

但是真奇怪

漫长的岁月一晃就过去了

你的孩子长大成人了

他要离开家

去一个遥远的地方求学

他说——新旅程开始啦

他没有回头

他没有眼泪

他高高大大的样子

是你期待的

独立　聪慧　有志向

这正是你用 19 年去培育的

而如今

一个高高大大的孩子

他要去一个遥远的地方求学

这也是你的计划

但是

当计划和志向变成现实的时候

这位母亲

傻——呆——了

她哭泣了

一切都是她所期待的样子

但为什么她傻呆了呢？

因为这些年

她几乎将"自我"全都搁置一边了

我们当母亲的

终将面对独自一人的时刻

我们当母亲

我们一生的岁月有什么价值呢？

我们有幸成了母亲

在这里，我们学会了

无私　爱　和情绪控制

这样的无私和爱

只有我们当母亲的时候

才体验了一回

然后，我们要继续地无私

我们生儿育女

不是为了自己

而是为了孩子

让他终有一天没有羁绊地远行

再后来，我们终将

面对独自一人的时刻

虽然家有丈夫

终于　我们可以面对我们自己了

我是谁？

我为什么出生

生活在这个世界上

我要做些什么？

我的独特价值是什么

我要去到什么地方？

孤独就是一间房间

我住在里面

与自己对话

与苍穹对话

有时走出房间

在花园中与亲人与友人喝咖啡聊天

有时走到大街上

但岁月已逝

那条儿时的街道不见了

那幢住过的弄堂房子被推倒了

那条宽宽的江依旧

只是沿江景色变了

孤独　但不孤单

不凄冷　不悲哀

充盈喜乐之泉

享受着人生可数算的日子

评点　●　●　●　●●●

　　什么是真爱呢？父母对儿女的真爱应该是什么样子的呢？可以看看布莱克（William Blake）在《经验之歌》（*Song of Experience*）中所写的两种截然不同的爱③：

　　一种爱是这样的：爱不讨自己的喜悦／也不顾自己

的益处／乐见别人得到满足／虽在地上如在天堂。

另一种爱是那样的：爱只讨自己的喜悦／全不顾别人的益处／乐见别人不得满足／虽有天堂也成地狱。

布莱克对爱的理解方式很有启发性。借用一下他的诗句，可以辨别自己对孩子的爱是不是真爱。辨别的方式就是，看你是为了自己的满足，还是为了孩子长远的益处。

第 二 部 分

引 导 孩 子 学 习

孩子的学习，家长不能做甩手掌柜

传道授业是老师的责任

但是，孩子学习的事情

也是家长的事情

当甩手掌柜，最后倒霉的是你的孩子

引导孩子学习，不是包办代替

不是呵斥打骂，不是替写作业

不是不可企及的高难动作

不是专家和教授垄断的秘密

引导孩子学习，是家长的第二次成长

是能一步一步学会的学问

孩子从混沌未开到成为学习能手，一般需要较长时间。家长要做的是抗住压力，给孩子慢慢成长的时间与空间，辅之必要的支持。

北京时间和儿子时间

一个看上去聪明又伶俐的孩子，进入小学课堂之后，一下子学习成绩不行了。不仅没有拔尖成为前五名，甚至前十五名二十名也进不去。这个时候，家长应当怎么办？

赶紧找人给孩子补课开小灶，晚上补、周末补、假期也补，直到把成绩生拉硬拽提升上去。一个字："卷"！不少家长走的就是这条路子。

也有家长说，孩子成绩是学校老师要管的事情，我们家长没有办法，嗨，孩子只要快乐就行了。这种办法，据说叫作：放手。

下面这个故事，既没有完全放手，也没有可劲地天天"卷"，算是第三条道路，也走入了光明的未来。走这条道路，需要家长的耐心、爱心和对成长规律的信赖。看完这个故事你会觉得，这些耐心、爱心和信心的付出，是值得的，也是可以做到的。

一

家里曾经有过两个时间标准，一是北京时间，一是儿子时间。

北京时间在爸爸鹿永建和妈妈钱红林的手表上、手机上，也在家里大床边的小闹钟上。儿子时间则在家里两个挂钟上，分别挂在父母的大房间和儿子的小房间。儿子时间，要比北京时间早半个小时。

事情是这样发生的，儿子一年级第二个学期那段时间，妈妈钱红林和儿子时常一起为作业而苦恼。虽然上了小学，儿子还是很爱玩、也很会玩的。但是他也感受到了学业的压力，成绩不太好，妈妈有时会说他，有时声音还会大一些。

后来的一天，家里出现了时间的混乱。墙上的挂钟比手表快了半个小时。

真奇怪，钟会快这么多。老爸鹿永建赶紧把它调了过来。可是，过些天这钟又快了。怎么回事？电池的劲这么足么，居然能够把时间往前赶？有一天，大房间床头的小闹钟也出了差错，父母可是按这个小闹钟来安排作息的！

是儿子干的。妈妈又好气又好笑地揭穿了谜底。

老爸就问他："你这是要干什么？"七岁的儿子笑着不回答。再问，他就躺在小房间他的高低床的下铺上，一边把脚顶在上铺床板的下面，一边笑着说："好玩呗。"

有一次，妈妈生病了，需要休息几天。

"妈妈生病了，至少这些天不要再玩这个了，行吗？保证妈妈休息。"老爸郑重地跟他商量，他答应了。

宝贵的暑假来了，这是一段无比快乐的时光。老爸和妈妈再不用六点钟就起床，赶着时间把他送到学校里去了。他呢，也有时间痛痛快快地玩了。但是，他还是起得那么早。经常是这样的，早晨他从床上跑下来，把还在睡梦中的父母叫醒，问道："我能看一会儿电视吗？"

假期的某天早晨，是个周六。妈妈睡到自然醒，然后惊奇地发现：儿子还没有起床。时间已经是八点钟，他还恬静地安睡在床上。看来，孩子今天是彻底地放松了。

他醒来之后，老爸再一次问："你把挂钟拨快是为了什么？是为了早起吗？"

他说："是为了早起。"

"你不是为了好玩吗？"

儿子认真地承认："不是。这回是真的。"

二

上小学之后，儿子不久就形成了一新习惯：每天早起。别看他这么喜欢玩儿，其实，他对上学可在意呢。

这是七岁的儿子身上发生的故事。老爸心里曾因此有轻微但是无法除去的痛。但仔细一想，这也是他成长中必须有的过程。他想多玩一会儿，但是也想在学校有个好成绩。他已经意识到，如果想在学校获得一个好成绩，就必须早起。他自己想出这么一种办法，把闹钟往前拨半个小时，这样就不会起晚了。

在人类知识的阶梯上攀爬，不吃一点辛苦，恐怕也是不可能的。家里这个七岁的小学生，已经意识到了这一点。每个孩子在功课学习上，起初都是有上进心的。父母要做的是不要去挫伤他，而是要鼓励他、保护他。要做到这一点，关键是要体察他的上进心，体察他的心理。这不是一件容易的事，因为孩子的心理是非常微妙的，和大人的心理一样地丰富多样，表现方式与大人有相同之处，又有不同。

从意识到学习的压力、开始自己主动努力，到成为一个学习能手，儿了花了八九年甚至上十年的时间。这些年无时不考验着父母的耐心、爱心和信心。

三

在功课学习上，什么时候能够渐入佳境，每个孩子各不一样。

一二年级时，儿子各科成绩都一般。在那个阶段，儿子和父母都度过一个艰难时光。

最初他对成绩的差别也懵懵懂懂，有一次小测验，他高高兴兴地拿回自己的成绩单向妈妈炫耀：他们都得的是优，我得的是及格。儿子以为，别人只有一个字，他得的是两个字，因此他的及格比别人的优更棒。这可把他妈妈气得不行。

儿子从0到6岁，都是公认的机灵鬼。在幼儿园，他表现出众，在小朋友中是"领军人物"。他四五岁的时候，开始自编故事，并用订书机装订成书。幼儿园测查综合素质评价六项指标，他多次"超常"。怎么上了小学，突然一落千丈？

原因之一，是他出生于七月份，在班里几乎年龄最小。这个年龄的孩子处于大脑的神经元快速发育期，差几个月发育水平就差不少。因此，他学习和掌握新东西比别人花的时间长，学语言时听力似乎也有些跟不上，帮他默写一篇单词，过一会儿他自己又不会写了。"对我来说，真是当头一棒……"他妈妈永远忘不了当时的情形。

幼儿园阶段，别人忙着教孩子识字，家里没有去做这事情，而是让孩子充分地玩。结果，孩子一年级连家庭作业都抄不全，父母只好每次都找同学的家长去问，问的次数多了，人家都不耐烦了。

儿子自己的情绪也深深地失落了。没有熟悉的朋友，没有崇拜他的粉丝。更糟糕的是，有一次他还带回一个"待达标"的考试成绩。

新的挑战又来了。他的小学同学大都去上英语补习班，儿子还是没有去。不是不想叫他多学点英语，主要是时间就这么多，其间上了补习班，保证孩子睡眠和运动的时间就成了空话。结果呢，儿子在英语课上听不懂。

是啊，别的同学已经在英语课外班学得饱饱的了，老师就不会再从头教起了。没有上英语课外班的儿子能听懂的就很少。所以，妈妈在公开课时发现，儿子听课时低着头，不敢看老师。想起这件事，现在还觉得心疼。

有一段时间，儿子对上学表现出一种复杂的情感。

那段时间，儿子放学回家，一到楼下就打开对讲机，急不可待地问楼上的妈妈："妈妈，你爱我吗？"

"妈妈爱你，非常爱你。"

妈妈心里清楚，儿子今天在学校里又度过了艰难的时光。与那些上过很多课外班的同学在一起，他又有不知几次听不懂老师讲解的内容。这让他感到煎熬，所以，一回家就迫切需要得到妈妈爱的肯定和支持。

是的，儿子已经明白：不仅待达标很差劲，及格算不得光彩，良也不是好成绩。但是，他却常常拿回良这样的成绩，不光是英语，还有语文和数学。他也不愿意让父母看到这样的考试成绩，考卷拿回家后，就常常塞到暖气片的后面，不让看上面的成绩。

"孩子，妈妈永远以你为荣。你有这么多优秀的品质，暂时的落后算什么？妈妈会和你一起赶上。"

妈妈把压力担了起来。在这样的关键时刻，妈妈毫不犹豫地顶了上去，帮助他在家加强学习。好在小学低年级的课程，包括英语在内，都是父母足以胜任的。对，就这样，班内落下的，在家里补上去。

妈妈对老爸说：不制定成长时间表，不制订这学期一定要考多少分的计划。只求他有进步，只要不伤害他的自信心。

是的，家里的底线是，可以不追求孩子考试排名靠前，但是也不能让孩子成绩落下太多。对策就是想方设法保持孩子的成绩处于中游或以上，以保持他一定的自信心。是的，这是家长必须做的。

有人可能要问，既然这样，不如就让孩子去上课外班得了？

当然不一样。

课外班的时间是不由父母做主的，而家里的补习是由自己做主，孩子的生活就有了很多机动和灵活，可以保证孩子体育活动的时间与睡眠的时间。上课外班等于把孩子推入另一所学校，而自己补是在自己家里，换句话说把补习融合到家庭生活当中。而且，在补习的过程中，也是孩子与父母感情加深的过程。

在家里的学习，注重自主性学习，更在意是否有益于帮助孩子养成良好的学习习惯，早日让孩子找到自己的学习办法。在这个过程中，父母对于孩子带着爱的肯定，给孩子以极大的力量和信心，他虽然也得劳心劳力，但是心中并无悲苦。

心中的悲苦是最有破坏性的，也是最容易积累下来，会成为孩子生命中挥之不去的底色的。相反，因为孩子在父母陪伴之下度过了小学低年级的艰苦阶段，他生命的底色和内核是温暖的爱。这一点，对他的一生至关重要。

四

在这个追赶的过程中，该坚持的东西，还在坚持着。

这所小学有个铜管乐队，儿子的萨克斯吹得也不错；只要儿子坚持下去，就可以跟着这个乐队稳获北京的一个奖，这个奖对于儿子升入名初中大大有利。但是，这个乐队固定在周日上午去练习。而周日上午，家里的固定安排是带着孩子一起，与有相同价值观的朋友、家人相聚，这是雷打不动的。孩子的价值观培育和社会交往更重要，铜管乐队只能忍痛割爱。

通过上课外班提高成绩，不失为一条捷径。可是，孩子从学校回家后，应当有一段玩耍和锻炼的时间。吃饭后做作业，做完作业，就到了睡觉的时间。如果还要经常上课外班，时间从哪儿来呢？没有了啊。总不能为了成绩，把孩子的运动和睡眠时间弄没了，把孩子的健康基础毁了。

保证休息、运动和社交时间，成绩慢慢地追赶吧。只能这样。

所以，儿子的学习成绩，有好几年都是中不溜。在某些老师的眼里，这个孩子将来够呛。但是父母不这么认为，并且鼓励孩子，将来你会越来越好。

妈妈相信孩子将来的成绩一定能上去。老爸心里想，如果他学习成绩一直上不去，也只能认了。只要身心健康发展，成绩上不去，做一个快乐而自信的普通人，也可以接受。因为身心健康发展是不能牺牲的。

一年半过去了，儿子在成长，年级演讲获得成功，小说上了班级网站。二年级班委改选，他以超过半数的得票，从普通学生一跃而成为中队委。数学期终考试，班上只有三名学生得"优"，他成为其中之一，事后看，是他理科天赋第一次显出端倪。

到了小学的中高年级，儿子的学习成绩又有上升，语文成绩在班里名列前茅，其他科目也不错，在数学展现出小天赋，他已经可以品尝学校生活之乐了。后来，应他自己的要求，偶尔参加过周六数学补习。也有其他零星的补习，但都是根据他自己的要求报名参加。小学毕业典礼上，他作为朗读高手，代表同学登上人民大会堂舞台朗读台词。

数算一下光阴，在小学里最煎熬的日子，因为妈妈的爱和支持，儿子没有出现厌学，也没有落下。

五

初中的开始阶段，他的成绩又处于下游了。父母在心中为他默默加油，也继续自己抗压，不把压力转嫁给他。

初中的突出变化，最初体现在体力与精力的变化上。多年的充足睡眠和充分运动使他身量快速长大，体格健壮，精力相当旺盛。初中学习内容和作业多了好多，但是他体力好，学习不觉得累。另一方面，他已经养成了自觉学习功课的习惯，学习能力也不知不觉地提高了。他很喜欢初中校园的生活，经常面带笑容；他还是喜欢跑长跑、踢足球，并因此交下了不少的朋友。

在他初中成绩爬坡的日子，因为父母坚持着不催逼，他也没有被焦虑情绪所控制。但是，父母也没有料想到他会有一次明显的突破和提升。

他成为学习能手之后，他说是完全靠他自己。客观地讲，除了父母的耐心与鼓励，"贵人"也给他提供了成长的助力，就是他的表哥。初二阶段，寒暑假期到上海看外婆，无意中在表哥那里"进修"了一番，挑旺了他学习兴趣、信心和能力之火。

表哥是上海复旦大学的大学生，理科方面绝对是一流的，看到小表弟比较好学，就乐于在表弟面前露一手。看到他预习新学期的物理和数学，就用心点拨一下，还留了作业，回来又批改一番。在表哥带着爱心的指导下，他的数学、物理一跃而成为初中班级的名角，这可是历史性突破！后来，他的数学优势一发而不可收，一直保持到高中，而物理则成为他的大学本科、博士专业。当然，这是后话了。

品尝到成功喜悦，他从初中二年级起对功课学习兴趣大大提升。平时他在北京，表哥在上海，有事就在网上请教表哥。儿子越来越"开窍"，而表哥越来越忙。渐渐地表哥常常只简单地点一下，就把问题还给表弟自己琢磨，儿子渐渐学会了自主学习。

家中的这位初中生，身高一米七五以上，精力旺盛，性格开朗，好学不倦。有的同学已经早恋，开始了"小狗的爱情"。而他自觉自愿端坐在家里书桌前，专心致志，对付摆了一桌子的各种课本、习题册和课外书。有时候端坐在书桌前，整个上午不动窝。他注意力集中的程度之高，让上海华东师大二附中学霸的妈妈和江苏沛县高考状元郎的老爸也为之惊叹，并放心断言，儿子已经笃定胜任文化课学习了。

初中毕业时，成绩跃升到全年级的第一方阵，享受母校极力挽留上本校高中的"殊荣"。而他靠着名额分配的政策，进入了北京师范大学附属中学，这可是北京历史最悠久的高级中学。

六

因为是名额分配生，儿子在高一年级三百名学生中，又属于第三方阵了。看来，儿子又得努力追赶一番了。

与初中不同的是，高中一年级的他，完全自己安排功课学习、体育锻炼、同学交往这些事务。

他表哥越发忙碌，已经无暇顾及小表弟的学习。我们按照他喜欢的这种亦师亦友的模式，为他找了一个在校大学生，每周末来家里做他的学兄学伴。小哥儿俩在小房间里讨论理科题目的声音，完全是平等和开放式的。有时声音很大而且热烈，在十米开外听着，觉得很享受。

真正令人吃惊的是，他成绩提升的速度远比初中阶段快！高中二年级第一学期，经过考试分班，他进入全年级两个实验班之一。接下来，成为全年级物理学霸，数学也不错，还是深受校长和老师喜爱的学生之一。学校举办重大活动，妈妈很荣幸地作为家长代表登台发言。

享受高中时光的他，体格健壮，爱好运动，成为学习能手，而且很享受学习的乐趣。他时常说笑话，而且深受他的朋友们的喜欢。作为高中生的他，爱箱是满满的，常常面带笑容，期待着大学更有挑战的学习生活，期待多彩的未来。后来，他升入大学，在高手如云的大学校园，果然表现得更加优异。

回想起儿子拿回"待达标"成绩单的日子，回想他把成绩不佳的试卷塞进暖气片的日子，不由得让人感慨万千。令人欣慰的是，那个时候，作为父母，抗住了压力，给了孩子爱与支持，给了孩子成长的时间与空间。

这个故事记载儿子功课学习从艰难到卓越的漫长过程。故事体现了不少功课学习的共性问题，也提供了可参考的应对方案。

当家长的要意识到，很多小学生不仅有提高成绩的愿望，也承受着尽快提高成绩的压力。但是，他们此时还没有快速提高成绩的能力，自己相当无奈。从孩子的长远发展考虑，家长不应牺牲孩子运动、睡眠、社交的时间，来抓孩子的成绩。这个时期，抗住了压力的家长，就是称职的家长。

这些家长首先考虑到是孩子身体发育的需要，也意识到小学阶段的知识量比较有限。上小学的孩子，身体和智力都处于缓慢成长的阶段，能在学校老师和父母帮助下，较好完成功课的学习，并养成了学习的专注力，就为未来发展打好了基础，这就是比较成功的，就是值得欣慰的。

如果孩子在小学和初中阶段形成一定的学习能力，又保持相当的学习热情，初中和高中阶段会出现明显的成绩提升。因为初高中孩子已经快速发育，有了小学生绝不可能有的充沛体力，学习上可以多加把劲了，稍稍"鸡娃"一下也无妨。如果得到老师和家长的提点及其他帮助，加上父母多年的爱与耐心，往往形成神奇的助推效应，学习成绩可能快速提高。这并不是罕见的奇迹，乃是爱心、耐心和尊重成长规律所得到的回报。

这样的孩子，学习生活是有滋有味的，学习兴趣也得以保持，这对上大学之后保持旺盛的学习热情是至关重要的。从一生来看，这样的孩子可能发展后劲最足。

早期阅读，特别是母亲和父亲引导的阅读，是价值极大的教育活动。

阅读是最好的亲子活动

一

当妈妈对着一个八九个月大的儿子朗读故事的时候，有时也觉得很荒诞：小小的宝宝，坐在怀里，一会儿安安静静地坐着，一会儿身子扭呀、翻呀，拼命用手够边上的布和玩具或别的东西，再过一会儿，他就用他小手来夺妈妈手中的书，夺不走，就用嘴巴凑上来咬。这哪是在听呀，分明是在胡闹。

钱红林就是这个时候有意识地开始了儿子的亲子阅读的。

其实，在孩子更小的时候，她会为他哼儿歌。

小宝宝　轻轻睡

妈妈买勺到商场

买了汤勺带回肉

爸爸宝宝尝一尝

这只是找到一首自己还算喜欢的儿歌，千篇一律地哼念着。听着朗朗上口的儿歌，随着沁透人心的韵律，身体被妈妈的手轻轻拍着，他迷迷糊糊地睡着了。这是几乎最常见的亲子生活场景，钱红林也这么做。有一阵子，她几乎每天哼念这首儿歌。之后，这首儿歌就被渐渐地淡忘了。

日后的结果却是她当时没有料到的。

大概在孩子两岁时候的一天，也就是开始亲子阅读一年多之后，妈妈给儿子读故事，翻到了刊有这首儿歌的一页，就饶有兴趣地念了起来。听着妈妈念这首儿歌，儿子涕泪全下，号啕大哭，越哭越感动，怎么也停不住。

"妈妈，再念一遍。"

再念了一遍，儿子又一次号啕大哭。

"妈妈，再念一遍。"

结果，又是一次号啕大哭。几次之后，孩子终于停住了哭声。问他为什么哭，他回答说："以前听过。"

以前听过，就如此号啕大哭？小孩表达不出来丰富的感受。不仅以前听过，而且听的时候有温暖的妈妈在身边，有爱的氛围，这一切已经被记在心里，永远被存入了记忆中。

所以，阅读并不只是阅读本身，它带动着非常多的情感成长。

那个八九个月大的婴孩，大人以为他没在听朗读故事，实际上他是在听，只是不像三四岁的孩子那样坐在椅子上，神情专注。八九个月大的婴孩不仅在听，而且能够感受妈妈的耐心、妈妈的爱抚。

不满四岁时的儿子，竟然将妈妈两周前讲给他的故事复述了出来，这故事在绘本上共有 32 页。孩子讲完故事，妈妈震惊。他也很震惊，怎么自己能讲一个这么长的故事了呢？

妈妈当然很兴奋。那个八九个月大的小婴孩坐在怀中，他在撕书啃书，妈妈使劲地拿着书，给他讲故事……一切历历在目，恍若昨日。孩子就是这么一步一步，完成最初的亲子阅读。

于是，钱红林当时就给一位刚生了孩子的朋友打电话，分享了这样的观点：

"婴幼儿对儿歌、故事有着颠扑不破的爱好，你就读给他听吧，他会记住故事，会记住语言，更会记住你坐在他身边时的感受。有爱的孩子日后才会有力量，懂语言表达的孩子日后才拥有思维的基本工具。但是，你也要记住，不要随便乱讲故事，要选好阅读内容。"

二

孩子最初的阅读是被抱在父母臂弯里的阅读,大人捧着书,琅琅而读,小人在抢书、撕书,忙个不停。

之后,大人、小孩并排而坐,或小孩坐在大人的大腿上,大人捧着书,小孩也捧着书。或是台灯下大人、小孩两个头靠得很近,将四周的环境淡置在一边,思绪全都集中在图画书上。

当妈妈的就这么按部就班地读吧。你若是能抑扬顿挫,那将是"佐料齐全"的一顿美餐。也许你被白天的困顿折磨得口齿没了生气,但是不要紧,孩子不会嫌你。孩子不一定要你像朗诵那样地读,孩子只会嫌你念得太短。

若是你能运用以下多种阅读方法,你的孩子就会感觉到"天外有天""其乐无穷"的阅读美妙境界了:

1.复述。让孩子将听到的故事,用书上的语言或自己的语言复述出来,这是一种语言训练。可以帮助孩子巩固学到的词语和句式,更重要的是可以帮助孩子活学活用。

2.强调。可以通过提问、复述或是别的方式来强调某个打动你的部分,包括某个情节、句子,强调某种描述方式,孩子会被打动的。

3. 举一反三。不用你去天马行空，孩子就会从这个故事跑到另一件事情上，他的联想对你造成了挑战，你似乎很难把握他的联想。但是别慌张，你回答不出来，可以找书来读，日后告诉孩子也为时不晚。若还能把握局面，你定要施展联想、想象等手段，满足你孩子的想象力。然后，也许孩子会语出惊人。这时候，你白天的疲劳顿时会消去大半。

4. 互相激发。孩子坐在身边，很难说谁在辅导谁。有的时候，是孩子在引导你进入一种愉快的心情。经常的情况是，他的回答让你大笑不止，简直要笑破肚子。你也会惊讶：小脑袋瓜蛮灵的嘛。阅读已经不是阅读本身，阅读是一种亲密关系的建立方式。

有一天，人生中这样美好的时光将一去不复返。就是某一天，孩子自己会认字了，人家一本正经地坐在那儿阅读，他不需要"亲子阅读"了，你会失落的。到那时候，你就读你自己的书吧。

不过，现在，你的孩子需要你的引领。

评点 • • • ••

此文起初是为初学亲子阅读的妈妈写的，特别适应准妈妈和新手妈妈阅读。这篇文章生动有趣，极富感染力，也很容易看明白。文章告诉你，从孩子还是婴孩时就开始的亲子阅读，不仅是一种教育活动，更是一种人生的享受，是最值得迎接的挑战，也比较容易取胜。

是的，当孩子能够自己坐在一边安安静静地阅读时，你自己完成了亲子阅读第一关，自己也深深地爱上了阅读。这将打开你人生的新境界。

这种学习妙招，并非高知专属；只要努力操练，就能带来益处。

父母巧用费曼学习法，谁用谁优秀

费曼学习法，就是费曼所倡导的一种学习方法。理查德·费曼（Richard Feynman）是美国著名物理学家，诺贝尔物理学奖获得者④。费曼同时又是一位学习大师。费曼的物理研究是一般人很难一下子弄明白的，但是费曼学习法却是通俗易懂，普通人都可以掌握和运用的学习方法。

一

运用费曼学习法，可以使得孩子真正掌握所学知识。

有一位农民父亲，他有两个孩子，一个男孩，一个女孩；一个进了北大，一个进了清华。很多朋友很羡慕他，问他有什么妙招秘籍。这位农民父亲说："我这人没什么文化，其实也没啥绝招——我只不过是让孩子教我罢了！"

农民父亲说：孩子小学时候，每天放学后，他就会让孩子把老师讲的内容再给他讲一遍；孩子做作业的时候，他也会读孩子的课本，弄不懂的地方，就去问孩子，如果孩子答不上来，明天去学校的时候再问老师。

这位农民父亲很普通，但同时他又很牛，因为他无意中使用了既普通又高级的学习方法，那就是费曼学习法！

费曼学习法的核心就是：用自己的语言来讲述你所学习的知识，通过转述来巩固所学的知识；在这个过程中，要注重思路、思想以及逻辑层次。

费曼学习法，主要包括四个核心步骤：

第一步，明确目标。确定你要学什么。

第二步，模拟教学。强迫自己输出并做小结。这是费曼学习法的精髓，用自己的理解将知识讲给别人听，让菜鸟和小白都能听懂；当然，要注重思路和思想、逻辑层次。

第三步，查遗补漏。如果别人听不懂，或是自己讲的过程中发现对某些部分知识有没有彻底明白的，就要查遗补漏，依次解决。

第四步，化繁为简。用简单的语言把复杂的观念表述出来。

二

不妨用"认知层级模型"来解释它的原理。一位叫作布鲁姆的美国教育学家，提出人学习的过程分为六个等级。

第一个等级叫作记忆。就是能够记起学过的知识。小孩子能背出一首诗，但是不理解诗的含义，学生能记住复杂的公式，但是不知道公式是怎么使用的。这个学习的级别，就是记忆。

第二个等级叫作理解。就是能够用自己的语言解释和说明学习的内容。

第三个等级是应用。就是能把学到的知识应用于新的情境，能够解决问题。也就是理解知识后，会不会做题，能不能举一反三。

第四个等级是分析。就是能够把复杂的知识整体分解开来，能够理解各部分之间的关系，能够分析异同，能解释因果。

第五个等级是评价。就是能够理性地、深刻地对事物的本质进行评价，做出有说服力的判断。

第六个等级是创造。就是从零到一独立打造出新的事物。比如发表一篇内容独特的文章、提出一个全新的观点。

孩子正常学习，至少需要他的水平处在"理解到应用"这两个等级。分析、评价、创造是知识学习中较高的水平，属于深度学习。

费曼学习法的核心，是让孩子用自己的语言，给家长讲述今天学到的知识，这就保证了他的学习水平至少在"理解"这层等级。理解是应用的前提，如果孩子每天的学习都能达到理解的水平，那么自然就会做题，成绩自然也就能够快速提升了。

三

让我们回到陪伴孩子一起做作业的日常生活吧。

先说说在学数学的过程中运用费曼学习法。就是经常请孩子给父母讲数学题。讲哪一类的数学题呢？错题和难题。这就是步骤一：明确目标，确定要学什么。

你叮嘱孩子找出错题和难题，说："哎，你就把爸爸妈妈当作一个小白吧，好好地给爸爸妈妈讲一讲。"这时，父母就已经正儿八经地使用费曼学习法了：尽量使得孩子输出。这就进入步骤二了：模拟教学。

儿子上小学三四年级时，数学老师经常会布置一项作业：在家里跟爸爸妈妈讲题。老师提供了一个讲题模型，也就是刚才所说的讲题过程中注重思路和思想，讲题时要遵循逻辑层次。具体步骤如下：

1. 说明这是什么类型的题，是关于植树的应用题还是工程的应用题；

2. 这道题目求什么；

3. 已知条件有哪些；

4. 我使用了什么样的计算方法，这个计算方法的逻辑在哪里；

5. 结果是什么；并将结果正式地说一遍。

你看，这个讲题模型是不是非常有逻辑层次，是不是蕴含着思路和思想。记住哦，要这样请孩子给父母讲题。

如果孩子讲述清晰到位，说明孩子已经掌握知识并会运用了，那就跳过步骤三即查遗补漏；若孩子讲述时，表达含糊不清、不到位，那么，你就需要与孩子一起进入步骤三查遗补漏。找到那个含糊不懂之处，你讲解，孩子听，然后，再请孩子讲述，直到讲清楚了。

步骤四就是化繁为简，用简洁的语言将一个复杂的事物或知识表述清楚。步骤四运用得好的，那都是高手啊！若孩子暂时达不到这个水平，你可以做示范。逐渐地，孩子就会成为"化繁为简"高手啦。

如何在语文学习中运用费曼学习法？

钱红林记得儿子在幼儿园的时候，跟他讲完故事之后，总是会说："哎，刚才我们一起听了一个关于小白兔的故事，这个故事讲的是什么呢？"儿子非常主动，他会添油加醋地完整讲一遍。父母请孩子将故事再讲述一遍，就是在运用费曼学习法。

小学生的父母也可以这么做。虽然有些孩子语言能力弱一点，表达的愿望没那么强烈，但是父母还是可以这样提示的，说："嗨，刚才那个故事真好玩、真有趣，你能跟妈妈再讲一遍吗？"

讲述过程中，依然要注重表达的逻辑层次。故事有一个焦点主题，故事会有发生发展的过程，故事会有伏笔和冲突，父母请孩子讲出这些来，对于表达能力的提高可不是一般有功效啊，提高的不仅仅是表达能力，还有思考能力。

好了，看几遍这篇文章，你一定能掌握费曼学习法了。然后，在日常学习、生活过程当中，使用这个既简单易行、又特别有效的学习方法，与孩子共同成长吧。

评 点 ● ● ● ● ●

费曼学习法虽出自大家之手，却可以进入寻常百姓家，有很强的实用性和操作性。

钱红林在做图书编辑时，引进出版了费曼的一本书《你干吗在乎别人怎么想》，算与费曼有了神交。后来她研习了费曼学习法，并运用于家庭教育指导当中。

儿子就是费曼学习法的受益者。高一时，他在周六常应邀为自己初中的"死党"同学补习数学，帮助了别人，又操练了数学思维。留学海外后，他读本科时做"学习助理"，帮助同学提高学习成绩，自己得以巩固，又挣了零花钱；读博士了，他成为正式的小老师，就是助教，把自己刚学会没几年的知识教给本科生，并靠助教工资基本实现经济自立。这些都可以追溯到，他最初跟妈妈学会了费曼学习法。

> 与手机成瘾抗争，知易行难。关键一招是，每天抗争不放弃。

做手机的小主人而非"奴隶"，无论在家在校

开展家庭教育辅导时，家长朋友求助最多的一个问题就是如何解决孩子手机成瘾。其实不光孩子手机成瘾，很多成年人自己也不同程度地有手机和网络成瘾的问题。

手机和网络成瘾的问题，是互联网时代的一个流行病。有点像每年暴发的冬季流感和春季流感，总会在一定时段来造访你，试图感染你。每年冬春季节，总有很多人会得流感，但也有不少体格健壮、作息规律的人基本不得流感。同样，父母想让孩子完全脱离网络是不现实的，网络成瘾的社会氛围也不是少数人能改变的。但是，家长如果采取明智的策略、养成良好的习惯，让孩子基本不被手机和网络成瘾所感染，是完全做得到的。这篇文章就会告诉你，什么是明智的策略，如何养成良好的上网习惯，如何不网络成瘾。

一

北京等地中小学当初从 2020 年春天起，开展线上学科教学模式，一直到 2023 年的春天新冠疫情防控转段才基本结束。线上教学，最大的负面效果是很多孩子对于手机形成了依赖。其实，很多家长不愿意承认，新冠疫情之前自己的孩子看上去是手机的主人，实际却是手机、游戏的奴隶了。

对于电子产品的依赖，一直是孩子学习和成长中需要面对的挑战。因此，不管有没有新冠疫情和线上教学，有一门功课都必须好好学，而且要过关，就是要做手机等电子产品的主人。

二

第一个拦路虎，是一种偏颇的学习理念：引不起兴趣的知识，就有理由不学习。

一家媒体报道说，广州某中学一位高一学生，一边电脑网课在线打卡，一边将手机调至静音，进入直播观战页面。"一个听得昏昏欲睡，一个越看越精神，你说我会选哪个？"这位学生提出这样的反问，以表明责任不在他，在于老师课讲得不好玩。

这个案例透露出一个不小的问题：对于好玩和有趣的过度追求，已经深深扎根在一些中小学生的内心。众多家长对此非常担心，但是又觉得无可奈何。只是追求兴趣与好玩，不可能把学习搞好。很多家长凭直觉领悟到这个道理，因为他们已经说服不了这些孩子，甚至觉得自己理亏。

家长这种"理亏"的感觉是真实的，因为娱乐至上已经成为一种影响力很大的文化潮流。美国媒介文化研究者尼尔·波兹曼早在 1985 年于《娱乐至死》一书中发出警告，当人们不再从印刷品上获取信息后，一切公共话语将以娱乐的形式出现。他当时预言，人们还追求将不可能完全愉快的教育变成一种娱乐。很不幸，波兹曼的预言变成了现实⑤。三五十年过去，娱乐至上真的成为一种文化潮流，而且对世界各地人们的影响越来越大。它催生前所未有的一种新的精神疾病，叫作游戏障碍，也有人称之为"游戏成瘾"，很多孩子染上了它。

世界卫生组织 2018 年发布的第 11 版《国际疾病分类》（ICD-11）中，将"游戏障碍"列为精神疾病，编码为6C51。中国国家卫健委 2019 年 2 月 1 日发布了《国际疾病分类第十一次修订本》⑥，游戏障碍紧接在赌博障碍之后，可见它的严重危害性。

新冠疫情发生以来，独自在家学习的孩子，行为习惯上所面临的最难对付的挑战，那就是游戏与网络成瘾。部分学生返校后，这样的挑战依然存在。不仅依然存在，看上去还在蔓延和强化。

要对付游戏与网络成瘾，就得先让教育回归常识。

三

现在，先来回答广州那位高中学生坦诚提出的有力反问："不错，学校老师的课讲得再好，也没有游戏和直播有趣。但是喜欢，并不等于必须选择游戏和直播。"

理性与常识告诉我们，文化课的学习有新鲜和有趣的一面，但也有艰苦甚至枯燥的一面。学校老师的文化课应当尽可能有趣，尽可能吸引学生。但是，要求这些文化课要像网络游戏一样有趣，那就走向极端了，不可能做到，老师也没有这个义务。我们身处娱乐至死的文化氛围当中，像这样的教育常识，如果必须重复一万遍，那就耐心地重复一万遍吧。

人做决定时，情感上的喜欢与不喜欢是一个重要方面，占相当比重，但也只是一个方面。此外，还要在理智上加以考量，看看哪项选择最符合我们的利益。游戏的世界的确很复杂、很精美、很玄妙。但是说到底也就是博得玩家的喜欢，换取玩家的时间与金钱。说到底，娱乐至上，符合游戏公司和直播网红等的利益。娱乐至上，对孩子的长远利益有利吗？当然不利。付上自己的时间和生命去消费，这是一个聪明人愿意干的事情吗？当然不是。

如果把这个道理搞清楚了，家长与孩子的共识就容易达成了。在理性上达成共识后，克制游戏成瘾，就要马上付诸行动。

四

如何切实地避免手机和网络成瘾？下面，由易到难，提供几项实际的办法。

第一项，抓早晨。

怎么抓早晨？就是早晨起床后半小时与晚上睡前半小时，与手机和网络不沾边。

克制坏习惯，第一个办法就是饿死它。

早晨抓住了，事半功倍。如果早晨随随便便放过了，就错失最初良机，就会辛苦、艰难、见效缓慢。很多人有这样的体验，早晨一起床，听到一首歌，这旋律就在耳边回响一整天。这个常见的人生经验非常宝贵。所以，晚上睡觉前，我们要把手机放在家里的公共区域，早上不要一起床就黏上手机与网络。

克制坏习惯，第二个办法是接下来挤走它。

拿什么挤走坏习惯？用一个好习惯。不少有自律家风的家庭，家人共同习惯是，早晨起来，把每日必读的人类最伟大、最经典、最值得信赖的书籍拿出来，读半个小时，让自己沉浸在先贤圣哲的言语当中。习惯于听书的人，就早起听这种书。一直到早餐后，才开始关心新闻，安排一天事务。这样的早晨半小时，可以预备一天的定力。到了晚上，睡前半小时，还把手机放回公共空间，静下来准备休息。

第二项，做隔离。

这里主要是指孩子一个人在家学习的情况下，如何做隔离。

对付病毒最简单、最直接的办法，也是最有效的办法，就是隔离。孩子一个人在家里，随时接触手机和网络，可能带来成瘾，所以也要有所隔离。

这里的隔离，就是想办法将孩子的学习空间与生活空间分开，最好的办法是把学习空间放在厅里，也就是家里的公共空间。然后，要将上网电脑和能够上网的手机放在这样的公共空间里。这样做，就是要让孩子意识到，这些电子产品和网络工具，是用来学习功课的，而且也处于全家人的监督之下。

第三项，定时间。

手机和网络本身无罪，适度玩一下手机，是孩子的权利。如果完全不让孩子玩，爱玩的孩子会觉得家长不近人情，跟家长打游击战。小小的手机屏幕，有的孩子已经学会一分为二，一半是课堂，一半是游戏。即使在眼皮底下，父母也很难觉察出"00后"孩子为看手机而发挥的智慧。

如果孩子还在家上网课，可以采用以下的方法。

有的妈妈给出三个时段可以玩手机。上午功课比较多，可以在吃饭后玩手机一刻钟到半小时，上网浏览一下新闻，与同学聊一会儿。下午完成作业和网上答疑后，报告家长，然后给半个小时的手机时间。到了晚上，父母把一天的学习、作业、锻炼和家务都检查清楚了，可以给孩子半个小时到一个小时的放松时间。这要看孩子年龄的大小，初中以上的孩子，就要给他更多一些自由。

第四项，给力量。

孩子需要监督。最有力量的监督，是爱的牵引。

当你孤单在外时，你会干什么？把家人的照片带在身边，想念时看一下。看看家人的照片，你的孤单就会少一些，力量就会多一些。

孩子一个人在家，没能和班级集体在一起，没能和同学们在一起，他很孤单。父母要体恤孩子的孤单，可以把全家最温馨、孩子最喜欢的合影，放在孩子的卧室和书桌电脑旁边，让孩子随时可以看到。孩子看到照片上父母的眼睛，看到全家人在一起的样子，就会想起父母对自己的爱，就会想到父母的期望，就会有力量约束自己。

五

一周过去了，你的手机提醒你，上周看屏幕的时间远超过自己的估计。你就知道，改变和提升是多么的不易。所以，如果孩子有时失控玩手机多了，也不要斥责孩子；要怀着深深的同情，带着同理心跟孩子说，父母也在自我控制上失败过，没有关系，明天，我们重新开始。

不管孩子继续在家学习，还是返校去上课了，每天的开始，都是从我们的心开始。带着理智、耐心和爱心，与过度娱乐抗争，培育健全的人格。

评 点

与游戏成瘾进行抗争，几乎是每个人都面临的战斗。不管是家长，还是孩子。所以，当孩子有手机成瘾倾向时，家长首先要包容和有耐心，然后一起去面对。

不管是大人还是孩子，必须明白一个道理：在这场战斗中，偶尔被手机打败并不可怕。关键的是绝不能放弃战斗，永远不向手机俯首称臣。明天早晨重新开始，力争制服它，做手机的主人。

只要不放弃与"游戏成瘾"战斗，你就没有真正失败。只要你明白这一点，你就不会放弃。如果你每天与"游戏成瘾"去战斗，你就没有被手机和网络所控制，你依然是手机和网络的主人。从某种意义上讲，这就足够了。

半小时作业要用两小时，磨蹭怎么办

有个家长在钱红林讲课时提出这样的问题，可能是很多家长经常遇见、也最头疼的："孩子做事情总是磨蹭，半个小时的作业，有时候能用2—3个小时，坐在书桌那里却不出活儿。我也想了不少办法，有时还跟他商量签协议，但是效果总是不稳定，不知道什么办法更好，请老师指导一下。"

这样的问题，看上去是写作业的问题，背后是儿童时间管理的问题。学会时间管理的孩子，在学业和将来的职业中会有强大优势。这里，就详细谈谈如何引导孩子做好时间管理，并把作业问题解决好。

一

先来讲一个小故事，是工商管理学院中常常被引用的。一位教授拿出一个宽口瓶，是瓶口很宽、瓶身也很宽的那种。他将拳头大小的石块放满了瓶子，问在座的同学们："满了吗？"同学们回答："满了。"教授又拿出小石子，放进了石块之间。他接着问："同学们，瓶子是否满了？"同学们不置可否。接下来，教授又拿出沙子，将沙子塞进了石块和石子之间。"这下是否真的不能再塞进东西了？"紧接着，教授又拿出一瓶水，往宽口瓶中倒进了一些水。至此，这个宽口瓶真的满了。

教授问大家："刚才那个操作，如果先后顺序反过来将会怎样？如果先放入沙子，那么接下来很难再放进大石块和小石子了。"

这个时间管理的小故事告诉人们，时间管理中最要紧的是，重要的事情要先做。就像这个小故事所描述的那样，要先放大石块，然后是小石子、沙子。无论是大人还是孩子，都需要遵循这个原则。

一般来说，对小学生来说，回到家后有两件重要的事情：1. 做作业；2. 畅快玩。也就是说，儿童时间管理的目标：保证学习时间，做好作业，还能畅快玩。

因为孩子的主要任务是学习，所以保证学习时间就是那个大石块。但是，对于小孩子来说，有时间畅快玩也是大事情。有很多小孩子，放学后需要先畅快地玩好了，才能专心做作业。如果孩子一回来就要求他先做作业，而他心里又惦记着玩，就会导致作业没做好，玩也没玩好。

代入刚才那个小故事，要保证宽口瓶真的满了，就应该先放大石块，再装小石子，最后才放细沙子。而畅快玩和写作业这两者同样都是大石块，所以要先把做这两件重要事情的时间安排好。如果孩子有练琴任务，就需要再加一个小一点的石块。

家长可以和小孩一起制定一个时间顺序表。有的小孩可能会选择先畅快玩，甚至也有小孩会选择先写作业，这些顺序都是可以的。有的小孩可能会说："我一回家就练琴，然后畅快玩，然后写作业。"这也是可以的。

二

钱红林在自己家里，具体做法是这样的。

首先，和儿子一起商量，制定了时间表：

1. 放学回到家，直到晚饭前

儿子可以：① 畅快玩；② 做完作业。畅快玩 1 小时多，做作业的设计时间是 20 分钟。

畅快玩和做作业，哪项先做，哪项后做，顺序不重要。因为孩子在校已经学习了挺长时间的，回家先玩也是应该的。做个小小的说明，这个家里，不可以玩电子游戏，不可以随便看电视。

2.晚饭后一段时间

自由玩

3.晚上 7：00—8：30

和孩子共同"开工"。

"开工"做什么事呢？

① 妈妈检查孩子是否做完作业了。不查作业对错，只查是否完成。

② 妈妈检查孩子语文的错别字，发现错字错词，就写在"错字本"上，请孩子抄 5 遍。然后妈妈再请孩子默写这些错字错词。

有一位有名的数学老师认为，孩子的错题就是学习成长的宝藏。钱红林非常认同，于是每天在错题宝藏中挖宝。

③ 需要练习功课就练习一下，比如读英语。

完成以上三项内容，时间有长有短，但最长不可超过 1.5 小时，因为，8：30 铁定要收拾书包，让儿子准备上床睡觉了。

作为一名职业女性，钱红林经常在晚上 7：00 之前匆匆地吃几口饭，甚至吃不上饭，但一定在 7：00 准时"开工"。没有吃上饭怎么办？见缝插针呗，比如孩子抄错字的时候，匆匆地吃上几口饭菜。

另外，儿子还学了竹笛，他也很喜欢，并不是靠它晋级和帮助升学，而是培养他的艺术爱好。竹笛练习只需要每天练习 15—20 分钟，关键是这段时间需要注意力高度集中。有一阵子，他在钱红林下班进楼门的时段练习吹笛子，家里的窗子是打开的，她听着儿子优美的竹笛旋律走上楼梯，觉得很美妙。她把自己的感受告诉孩子，他也很高兴，练习得就更带劲、更专注。

用张简图来表示（见图 1），儿子放学后的时间管理是这样的：

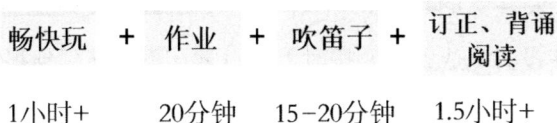

畅快玩	+	作业	+	吹笛子	+	订正、背诵阅读
1小时+		20分钟		15-20分钟		1.5小时+

图 1　作者儿子放学后的时间管理示意图

三

让我们回到家长朋友的问题，孩子做作业磨蹭、半小时的作业要 2—3 小时才能完成。钱红林的具体建议是：

1. 与孩子商量，制定时间表。

记得吗？儿童时间管理的目标：保证学习时间，做好作业；还能畅快玩。制定时间表时，一定要兼顾做好作业和畅快地玩这两个重要目标。

2. 制订计划之后，要认真执行。

让孩子畅快地玩，不需要奖励。但是要想让孩子从不认真做作业，变成认真完成作业，常常是需要一些奖励来激励孩子的。若孩子执行得好，应当有奖励。整个小学阶段，孩子们都很喜欢玩具，比如喜欢变形金刚。像变形金刚这样的玩具，应当让孩子通过认真做作业来积攒一定数量的星星，然后才能买上。

若孩子执行得不好，父母需要这样做：① 不能畅快地玩；② 买喜欢的玩具的计划一定要延迟，直到执行到位；③ 即使没有完成，也要按时上床睡觉，不能拖延到很晚。

3. 为了提高做作业的速度，适当做一些训练。

儿子在小学一年级的时候，学校老师布置口算训练。小学一年级练习口算，不仅要求算得对，而且对速度有很严格要求，不仅练习了孩子口脑协调的速度，还大大地加快孩子做其他事情的速度。如果孩子做作业的速度比较慢，建议家长朋友参考这个做法，对孩子进行速度训练。比如抄写训练，规定 5 分钟抄写完多少字词，也是很有益处的。

4. 儿童时间管理的目标一般不可能几天就达成，达成了也可能会有起伏。没有关系，做父母的，在这件事情上要有信心。就是相信家长和孩子共同设定的时间管理目标，在一个稍长的时间段里一定会达到。

其次就是要坚持。好习惯、好行为，会因为坚持而被真正地建立起来。

点评

有效的管理方法，都是基于真实人性，基于对人的合理需求的适当满足和对人性弱点的适当约束。引导学龄儿童做好作业，也是如此。

放学回家的儿童，要有时间畅快玩。对于在课堂里辛苦一天的孩子，这个需求是十分合理的。同时，孩子们也有完成作业的任务，这也是必须完成的。孩子们在学会时间管理之前，多半想逃避作业任务，多些畅快地玩。这是放学回家的孩子的真实人性使然。

面对孩子们的天性，如果完全让孩子一开始就自主地管理时间，孩子可能会一味畅快玩，忘记了做作业。所以，完全放手，又希望孩子做好作业，对绝大多数孩子是不现实的。但是，如果不让孩子有畅快玩的时间，那些听话的孩子可能会乖乖地坐在书桌前，但是学习效率越来越差，甚至内心深处产生厌学情绪，这是最有害的。所以，把孩子回家后的时间管得过死，甚至只准学习，不准玩，也是违背人性的，从长远看不会有真正好处。

有的家长也允许孩子有玩的时间，小学生回家写作业依然磨蹭，为什么？多半是因为一回家就被父母要求先把作业做好。在这些家长内心深处，让孩子有时间玩只是手段，让孩子做作业才是真正的目的。这一不小心就犯了两个错误，一是没有把管理目标设定好；二是没有给孩子一定的自由选择权。

家长设定目标时一定要真心地相信，对于回家的小学生来说，做作业和畅快地玩，是同样重要的两个主要目标。明确了这一点之后，孩子回家后先玩还是先做作业，应当让孩子有一定的自由选择权。有了选择权，也意味着孩子必须承担一定的责任，如果光去玩，作业做得不好，得承担一定的后果。有了选择权，孩子感觉受到了尊重。有尊严感的人，更愿意主动承担责任，克服困难，孩子做作业时也是如此。另外，如果作业做得好，也可以有一定的奖励，可以强化孩子对于完成作业的动力和兴趣。

对儿童和青少年来说，有好睡眠，才有越来越好的成绩。

孩子睡好睡足，大脑更聪明

有人喜欢谈论"哈佛凌晨四点半"，说的是凌晨四点多的哈佛大学图书馆里，灯火通明，座无虚席。这情境对于赶写论文的大学生也许是适当的，但是并不意味着孩子越努力学习，就应当越少睡觉。特别是对小学生和初高中生来说，这样做会适得其反。

孩子睡眠充足大脑更聪明，家有小孩的你，要记住这一点。在安排计划一天的学习和生活的时候，要将确保孩子拥有充足睡眠这件事情上，合理地安排好。

一

人生是场马拉松，需要健康的体魄、持久的耐力和坚韧的品质。

研究表明，睡眠不足，会影响孩子身体和智力发育，会使得孩子阅读、算术和反应能力降低，听课效率也会很差，掌握新信息的能力也会变差。

睡眠有助于清除大脑神经元的代谢废物和恢复精力。孩子睡好了睡足了，大脑能发育得好，能更聪明。孩子睡好了睡足了，身体长得棒棒的。在睡眠中疲劳的器官可以得到修复，免疫力可以得到提高，不会"略有风吹草动"就生病。

有位集冠军和学霸于一身的体坛名将、滑雪场上自由式滑雪的佼佼者，能够完成凌空而起又稳稳落下的高难度动作。在学业上，她又是妥妥的学霸、名校普林斯顿大学的学生。她说："我有一个秘密武器，从小我就每天晚上要睡十个小时的觉，睡觉会促进身体和大脑的成长。"她还说，在睡觉前将复杂的训练动作过一遍脑子，特别有助于记忆。

2008 年位于《福布斯》全球富豪排行榜首位，2020 年又以 1675 亿美元的财富位列世界富豪排行榜第四位的投资大师沃伦·巴菲特很重视自己的睡眠[7]。他每天晚上 10 点 45 分前必定上床睡觉，确保自己能安稳睡上 8 个小时。他平日 80% 的工作时间都在阅读，需要耗费大量脑力，因此充足的睡眠格外重要。

二

想了解如何科学地作息，就得明白生物钟的基本规律。2017 年诺贝尔生理学或医学奖授予三位科学家，他们获奖的原因是发现了生物钟背后的机制。

很多年来，人们一直知道生命体，包括人类在内，都有一个内部的生物钟，使身体内部的时间与环境时间达到同步。但这个生物钟到底是如何工作的？遗传学家杰弗里·霍尔、迈克尔·罗斯巴什，以及迈克尔·扬的研究揭开了这个秘密，成功解释了植物、动物以及人类如何适应这种生物节律。这三人还因此获得 2017 年诺贝尔生理学或医学奖呢。

地球昼夜更替，生物体内的生物钟也在起作用，早晨太阳升起，我们工作学习。晚上太阳落山，我们渐渐进入休息状态。顺应生物节律，这就是良好的作息习惯。

2021 年，教育部办公厅印发《关于进一步加强中小学睡眠管理工作的通知》明确提出，要保证小学生每日 10 小时以上睡眠，初中生也要保证 9 小时睡眠，高中生应达到 8 小时。

三

在我们懂得了"睡觉要睡足"这个道理之后，紧接着会有两种情况。1. 每天顺应生物钟，睡足了睡够了；2. 一味依照睡觉时间表，反而产生了巨大压力，对睡眠产生了很坏的反作用。R90 方案可以帮到你。

R90 方案是由英国睡眠协会前任会长尼克·利特尔黑尔斯提出的。他曾为美国国家篮球协会（NBA），英超联赛选手和奥运会金牌得主提供睡眠咨询服务和长期合作。他抛弃每天要睡足的定式，以睡眠周期作为衡量标准，将考察周期拉长到一周来看总量。一个睡眠周期的长度为 90 分钟，每周睡足 35 个睡眠周期就够了[⑧]。

也就是说，你每天尽量睡足睡好，但是某一天没有睡足睡好，也不必有太大心理负担，只有一周睡足 35 个睡眠周期就够了。

为了有一个良好的睡眠，有什么注意事项呢？

白天：

1. 要有半小时户外时间，晒太阳；

2. 白天要有一定的锻炼：走路、跑步、韵律操、打球，只要是健康的运动都可以。

晚上睡前 1.5 小时：

1.关闭电子产品。运行的电子产品会发出蓝光抑制褪黑素生成；

2.关上窗帘，确保窗帘完全遮光；

3.睡前 3 小时不进食；

4.睡前做些轻微运动，卸下压力和思绪。

评点 • • • • •

早睡和睡足的好处是清楚明白的，方法也是有的。但是很多家长还是不习惯早睡早起，这无形中影响孩子的睡眠习惯。

有人说，古代社会没有电灯，自然就会日出而作、日入而息。现代社会，晚上的夜生活太丰富，早睡太难了，晚睡很正常。这话对了一半。其实，古代社会没有电灯、电脑、电话，也有秉烛夜游的人；没有手游和短视频，也有在油灯下彻夜玩耍的人；没有电视机和电视剧，也有通宵不关门的评书场和夜宵店。

所以，为了早睡和睡眠充足的好处，最好舍弃那些可有可无的娱乐与享受。这样，家长自己做到早睡了，就能影响和帮助孩子安心早睡，实现睡眠充足。

第 三 部 分

好 品 格 的 核
心 是 爱 之 能

品格，不仅仅是一种竞争力

忠心的仆人，升为尊贵的统治者
诚实的员工，成了老板看重的经理
人们喜欢这样的故事，还说
道德智能就是一种竞争力

正派做人被贬低、排斥
好人一生贫穷、困厄
这样的事情并不少见
并且，实在令人灰心

爱的能力，使母亲成为母亲
使丈夫成为丈夫
公正与责任心，使官员成为公仆
使士兵成为生命的保护者
说到底，馨香的品格使人成为人

被"请家长"的日子

一

初中一年级开学，儿子还没把课桌板凳焐热，妈妈钱红林就被"请家长"了。

事情的来龙去脉可能是这样的，2008年到2010年，山东省教育厅在全省规范中小学办学行为，严查周末和节假日的违规补课，此举在全国引起强烈反响。鹿永建据此编了一本书《一场输不起的战争》，还在北京举办了此书出版的座谈会，顾明远等众多中国教育界名家出席会议。因此，有一段时间家中常讨论山东规范办学的事情。有时说起某某学校违规补课，被山东省教育厅派出的巡察组逮个正着，场面极富戏剧性，父母谈论得眉飞色舞，儿子一旁听得眼睛发亮。

儿子刚上初一，新上任的班主任老师在班里讲话时，布置了一个周末的学习活动，听起来有点像周末补课。台下的座位上，12岁的儿子不知为何冲口而出："这样做违背《义务教育法》"。或许他出于好心，担心这所他刚进来的学校老师犯错误，被北京市教委发现并查办；或许他受爸爸的这本新书影响太深。

这下，可捅了马蜂窝。

开学之始，学校的新生摸底考试后，班主任都在忙着给新生立规矩。任何一个有组织的集体，建立规则都是绝对必要的。面对刚入校门的初一学生，面对这些跨入青春期、不像小孩子又不像大人的学生，就更得立规矩了。就这个时候，儿子突然来了这句不知轻重的话，真让她来气！

2011年，鹿永建和钱红林正在组织编写国内第一本《中小学家长委员会实务手册》，其中重要的一块内容就是处理好家长与学校之间的关系。万万没有想到，自己很快成了戏中之人，被儿子的学校"请家长"。

接到学校老师一个电话，妈妈钱红林忐忑不安地来到学校，进了班主任的办公室，迎面是一位女老师。

这所学校的风格不张扬，校风也比较纯正，班主任老师说话还比较克制，但听得出她非常不满："你的孩子瞎说话，不该说话的时候说话，说的话影响非常不好。我们开学之际，要举办一个抓纪律的活动，准备让你的孩子上台，向全班同学公开承认错误。"老师还说了一些比较冠冕堂皇的话，比如对儿了的宽泛的肯定。听得出来，今天把家长叫来，主要是对这个活动作事先沟通，也算征求家长的同意。

班主任的话带着气。从这些话里，当妈妈的钱红林受到了伤害。

事后从儿子口中了解的详细情况，证实了钱红林当时的初步判断：儿子并不是想挑战老师，只是说话有点不知轻重。钱红林还觉得，对待青春期孩子，要把情况了解得更清楚再作处理，多些宽容才好。但是，如果当家长的当时就把自己的想法向老师和盘托出，可能形成家长与老师的对立，收不到良好效果。

是的，如果类似情况下，老师与家长各执一端，互不相让，就会形成紧张的家校关系。很多家校冲突，就是在这个环节由小变大的，有的家长甚至把怒火烧到网络上，形成社会热点事件。这种家校冲突的结局，老师极可能被迫向家长道歉，家长赢得表面上的"胜利"；但是家校之间的张力不仅不会消除，反而会持续很长时间。在这种难以言说的紧张氛围中，这个家长的孩子、那个夹在中间的学生，还能在这所学校安安心心待下去吗？不大可能！

当时，钱红林在班主任办公室里，控制住自己的情绪，语气和缓地表示："我们会积极配合老师，回家做孩子的工作，让孩子当着同学的面，做出检讨，承认自己的错误。"

钱红林从学校出来，在家附近一家最大的购物中心里逛了很久，等自己的情绪完全平复下来，回家，准备给儿子做工作。

儿子回家了，妈妈钱红林先问了孩子当时的情况。的确是儿子说话没过脑子，瞎说话。

妈妈对儿子说："儿子，老师说你是很棒的，将来会很有发展前途。但是你这件事情是做错了，必须纠正。"妈妈将老师宽泛的肯定当作重点先说了，然后才把老师的具体要求说了一遍。儿子看上去有些勉强，但是也就答应了。

后来，这个立规矩的班级活动如期举行。在这个崭新的班级里，儿子当着众多同学和老师的面做了检讨。那次班会上，还有一个女生也受到批评，做了检讨，那个可怜的女生当场就哭了。儿子没有像那个女孩子那样哭鼻子，但是，他站在众同学的前面，手脚不停地动，可能是内心紧张的缘故吧。

班主任算是满意了。但是，好像气还没有完全发出来，又给钱红林打电话说："他的手脚乱动，是不是多动症啊。"钱红林听了很不高兴，但是她又能怎么样呢？她说："老师说的可能有道理。这样，我们继续观察，如果有必要，我们会去医院查的。"最后，班主任对钱红林这位学生家长表示非常满意。

也算是不打不成交，后来班主任与钱红林这位家长的关系越来越友好。

二

一年转眼就过去了，儿子上了初二，他的顽皮劲还在。这顽皮劲有时会冒个泡，害得妈妈又被"请家长"。

上小学的日子，儿子有时也会被成绩提高不快煎熬。但是，父母没有给他太大的压力，而是要求他在学习上不断有所提高就可以，并将保证他的休息、运动和正常的周末社交作为底线。所以，他的心灵中有一块自由的空间，学校里有很多同学与朋友，又不断学习着新东西，他的心情总体是快乐的，上小学前的那股顽皮劲因此就留下来了。

进了初中，一开始被抓了一次典型，但是班主任看他很配合，知道他并不是真正的刺头，还慢慢喜欢上了他呢。后来，他和几个同学在学校地下室找到一个秘密空间，并命名为"密道"。他们在"密道"里钻来钻去，觉得十分刺激。但是，好景不长，初二他就做了一件顽皮过头的事情。

教室里装着空调，空调旁边有一个柜子。有的同学就出了个绝妙的主意，借力这个柜子，勇敢的人可以把屁股坐在空调的上面。这可是一个逞能的好机会！有的同学说干就干，如此这般，就把屁股坐在教室里空调机的上面了，这一英雄壮举惹得教室里的几位女生一阵可爱的轻笑。于是，儿子不甘落后，长腿一迈，也把屁股坐上了空调机，然后在上面扬起头来，看着台下的同学们，他那个得意和开心啊，真是难以言表！

这一英雄壮举，被老师发现了。钱红林再次被"请家长"，来到班主任的办公室里。

经过一年的观察，班主任已经发现，儿子不是个飞扬跋扈的小男生，就是有时不知轻重。青春期的孩子嘛，也不算大问题。她先是肯定了儿子几句，然后像对朋友一样地给钱红林说：这孩子不坏。但是这件事是一定要有处理的。具体处罚措施是，在一个星期内，将学校楼道墙壁上几处很难处理的污迹，统统给处理干净。

妈妈钱红林回家了，晚上见到儿子，还是先挑出老师肯定他的话，然后说出老师处理决定："老师说你进步很大，而且是个好孩子。但是这件事，你办得不对，要接受教训，接受处罚。"妈妈钱红林还说，"从你初二开始，妈妈已经感觉到你内心深处有一个强大的成长的动力，就是内在的驱动力。这让我看到你有大好的成长前景。你的班主任把我叫过去，也表达了类似的意思。但是，你坐在了空调上，好像不太符合你对自己的目标要求"。

是的，儿子已经成长了。但是，青少年特别是男孩子，即使是好孩子，也总有一些恶作剧的冲动，如果付诸实施惹下麻烦了，就应当为此付出代价。初中二年级的儿子，为了那几分钟坐在空调上的得意扬扬付出了代价。当别的同学背着书包高高兴兴放学回家时，他不得不奋力与楼道墙壁上的污迹英勇作战，并且极不情愿地一再让路过的女生看到自己的灰头土脸。这样的情景持续了一周时间。

这次教训之后，妈妈钱红林再也没有因为儿子被"请家长"。

三

小学阶段，妈妈钱红林曾经数次被"请家长"。初中阶段。她又两次被"请家长"。这样的日子，她熬过来了。

接下来，在儿子的学校里，钱红林作为家长的感觉，就大不一样了。特别是儿子进了高中，妈妈时不时出现在校园里，无论是开家长会，还是会后家长之间的交流，儿子都让妈妈感到骄傲。

家长会上放映的照片和教学视频，常有儿子在物理或数学方面领先的身影。家长会后，老师和家长的随机交流，每一次老师都对儿子赞扬不已。不少家长跟妈妈聊天时，起首的话都是："你就是那个孩子的妈妈啊，我家孩子在家里老说他，说他数学好物理好朗诵好……"，妈妈从年级组长、班主任、任课老师眼睛里，也读出了欣赏和赞许。培育孩子十多年，经历多次尴尬、紧张的被"请家长"，现在终于迎来了众人欣赏的目光，妈妈钱红林心里充满了宽慰与欣喜。

高中毕业典礼隆重而热烈，妈妈应邀代表全体家长致辞，就是作为优秀学生的家长代表，荣耀地作发言。她回想起儿子从小学到初中，她被"请家长"时的种种煎熬，默默地对自己说：孩子因为被爱而变得更加可爱，当初的忍耐与付出都是值得的。

观点　●　●　●●●●

爱是恒久忍耐。家校之间有些小摩擦时，家长当以忍耐之心，平心静心与学校交流。这最符合家长和学生的最大利益。

当孩子父母被学校"请家长"时，一般来说事出有因：孩子的确在学校出了点"情况"，多多少少干扰了教学秩序，也给老师带来了麻烦。另外，家长也常常惊奇发现，老师对"情况"了解得并不十分全面，家长感觉孩子受了点委屈。

接下来，家长该怎么办？

首先，除去对于"完美型老师"的期待。一位老师面对四五十名甚至更多的学生，即使想方设法，也不可能掌握到学生全部的情况。班级里发生"情况"，最紧张的也是班主任和相关老师。他们首先考虑的是，班集体的正常秩序必须维护，正常教学计划不能耽误。他们对"情况"的处理不可避免地带有防卫心态，有紧张情绪，甚至可能遗漏重要细节。

其次，想方设法了解事情的来龙去脉。与面对四五十名孩子的老师相比，家长在了解自己孩子情况方面有相对的时间与精力优势。家长理应了解自己的孩子，也最有责任了解和保护出"情况"的孩子。家长了解清楚情况后，与孩子充分沟通，孩子感觉自己得到充分理解，就不会纠结于在老师那里受的委屈。在这个方面，再出色的老师也无法替代细心的家长。

第三，既支持配合老师，又鼓励孩子成长。处理"情况"时，老师最怵的是：涉事家长一旦发现了不完美的地方，就不依不饶。如果这些家长发现不完美的地方，却忍耐着表示支持，老师一般会特别心存感激，并对这些家长的孩子产生连带性好感。另外，孩子挨了老师批评，最怕的是父母觉得没有面子，回头再拿自己撒气。如果家长忍耐着，给予孩子真实而积极的肯定，孩子知道父母没有因为自己的挫折而厌弃自己，不仅会吸取教训，还会带着感激之情，努力成长！

当功课忙遇上做家务

近年来，做家务对于孩子成长的重要性又被重视起来了，教孩子做家务的文章广为流传，比如，什么年龄段适合做什么家务，等等。

新问题来又来了。到了初中，即使老师不给学生布置大量的作业，孩子自己也有学习压力，回家之后光做作业都觉得时间不够用，还要不要坚持让孩子分担家务？孩子随着年龄增长而多做家务？这样的理念在现实中行得通吗？

下面的这个真实故事，就是功课忙与做家务这两件重要事情短兵相接了，现场气氛也相当紧张。好在，事后的结果是相当好的，其中的处理过程和理念、手法，也可供家长作个参考。

一

这算什么大问题？先把学习搞好了不就得了。孩子长大了，不就学会做家务了吗，干嘛非得较这个真？不少家长朋友可能会这么说。

作为父亲的鹿永建则提出坚决的要求：虽然处于学业爬坡关键期，上初中的儿子必须分担一部分家务。

所以如此坚持，是因为鹿永建的人生经历中有过深刻教训。

作为一个乡村孩子，小学的时候他是干农活的，也算是个好手。但是上了初中之后，作为本乡初高中老师们眼中的"瑰宝"、学习尖子生，他把所有时间都自觉地投入到文化课学习当中，每天睁开眼就念书，吃完饭把碗一推又拿课本。父母在这种情况下，也就没有刻意培养他做家务的习惯。所以，鹿永建考上大学之后才开始学习自己洗袜子，连叠被子也是跟大学同学学的。结婚之后，跟着钱红林笨手笨脚地学做其他家务，笑话也出了不少。

因为学得晚，形成新习惯的过程之艰苦，只有鹿永建自己最清楚。以洗碗这种最简单的活儿为例，开始做起来十分痛苦，真是咬着牙去做。现在能很有技巧地做，而且得享其中乐趣，那是花了几年熬炼出来的！在反思中意识到，家务劳动的习惯，若不是在少年时代养成，成年之后再补课就得花加倍的力气。所以，老爸鹿永建斩钉截铁地规定，儿子学习再忙也必须做家务。

二

其实，直到幼儿园阶段，儿子都快快乐乐地参与家里的家务。听到妈妈带着爱的甜美召唤，就去帮助大人做点这做点那。这一半是出于儿童的游戏天性，觉得做点家务好玩，另一半出于对妈妈的依恋。到了小学阶段，根据妈妈的分工和老爸的理念，帮助妈妈洗菜、端碗，那还是出于对父母之爱的回应，也包括对父母权威的顺从。

到了初中，情况有所不同。

记得初中一年级的时候，儿子的作业就不少。但是父母还是尽量分给他一些小活来干，比如洗碗。他情绪上有些抵触，道理还是听进去了，最后还是做了。父母也没有太计较他的态度。

为了让他更好地学做家务，当妈妈的立即跟上去，进行家务的培训和指导。开始是她自己先做一半，再让儿子接下去做一半。这样儿子做起来既不复杂，也不枯燥——有亲爱的妈妈陪着做，他半推半就做了起来。等他做得比较熟练之后，抵触情绪也少了。老爸以自己的经验开导他：持续做功课一段时间后，做家务就是休息放松。两者相互穿插，两者就都不累了。他也没有提出反对意见。

到了初二，他的确更忙了。快速发育、比父亲个头更高、力气更大的儿子，对于家务开始明确地予以拒绝。

正像杜布森博士在《正当青春期》⑨《培育男孩》⑩两书中所写，进入青春期的男孩，男性荷尔蒙的分泌可能某一天突然增加，在一个晚上之间成了另外一个人。昨晚上床时还是母亲的好宝贝，第二天早上却变成一个骂骂咧咧、满嘴粗话的野小子。儿子也未能免俗。就在这个节骨眼上，他对于做家务这件事，好像已经"看破红尘"。他明确拒绝家里给他的家务分工！理由非常充足："我比你们还忙，我的功课多！"

那是初中二年级，他的成绩的确处于关键的爬坡期！

家里一度进入少见的沉默时间。

三

经过几天不乏张力的表面平静后，摊牌的一天不可避免地到来。

忙于功课的儿子难得有空儿，他会在洗洗脸、刷刷牙的时候，跟父母交流一些事务，就在厨房水池那儿。这是一个心灵交流的良好时机。

老爸可谓有备而来，又经过妈妈的一番苦心规劝：耐心，平静，不要跟儿子呛上。老爸听了频频点头，就来到厨房水池这个位置，儿子正在洗漱。一番意味深长的对话，在看上去不经意之间展开。

"儿子，我跟你说几句话。"

"快说，我忙着呢。"

"知道你功课很忙，甚至比我们都忙。但是有件事情我要告诉你，就是学习的目的是什么。学习的目的，是学习如何服务别人。燕京大学校训'因真理，得自由，以服务'，落脚之处就是'以服务'。服务是我们上学的目的，上小学、中学、大学，最终是学习如何服务别人，服务社会。

"将来，你大学毕业，别人不是因为你的成绩好而雇用你，而是因为你能够提供价值而需要你。将来，你没有大学文凭，但是有服务意识和能力，你可以为社会提供服务。你如果只有大学文凭，却没有服务意识，就没有服务的能力。所以，现在，你既要学习功课，也要分担少量家务，这能帮助你建立任何时候都想着别人需要的意识。"

老爸的长项就是高谈阔论，缺点是往往高度足够，操作性不足。善于见缝插针、温柔可爱的妈妈看老爸已讲得有些口干舌燥，马上清晰而务实地补充："你现在只有一项家务分工，就是烧开水。"

按照妈妈的家务经，家里只放一个小电水壶，现烧现喝。"儿子，我们三个人喝的水，以后就靠你来烧啦"。

在意见非常一致的父母面前，已经长成一米七个头的儿子，有点愤愤然地走开了。温柔的妈妈跟着过去，甜甜地又说了几句话，儿子算是勉强答应了下来。

后来，家里常常响起这样的声音："儿子，我们没有水喝了，快来烧水吧。"儿子就放下手里的功课，大踏步奔过来，把水粗鲁地烧上。如果哪天老爸替儿子烧了开水，也会毫不客气地把自己洗碗的工作让给他。如果是儿子洗碗，一时间厨房的锅碗瓢盆就会叮叮当当地响成一片。

是的，老爸在那次关键对话中，把话说得很绝对：人的读书学习，本身不是目的，服务社会和服务他人才是学习的目的。如果没有形成服务他人的意识，就不能成为真正的能力，再多的知识、学历也是无用的。分担家务，是他的义务，也是更重要的学习。

四

事实证明，关键时刻的坚持，起了作用。

父母让他做的家务的确是很有限的，开始就是让他管家里的烧开水。那些日子，父母宁愿家里水不够喝，甚至有点口渴了，也要等他去做这件事。儿子的确是忙，常常急匆匆地把这件事做了，然后去忙他的功课。

　　一来二去，他慢慢学到一些新东西：责任意识、工作分工的意识、时间的有效运用、统筹安排等等。初三的最后一段时间，应当是儿子功课最忙的时候，他已经能够比较从容地把自己名下的有限的家务抽空完成。有时候他忘记了，父母提醒他、催他。他会平静地说，他会做的会做的，然后抽空去做。

　　进入高一之后，他的家务分工还是不多，做起来也比过去麻利得多了，情绪上也不那么急匆匆的了。看来，统筹安排做功课、做家务、适当放松身体，已经成为他的一种小小的能力。

　　高中阶段，在烧开水之外，妈妈把清理煤气灶台的光荣使命也交给了他，并为他买了专用的去污能力颇强的湿纸巾。每当他离开书桌，去做这项家务时，他就会很夸张地伸个懒腰，装腔作势地吆喝道："老腰病又犯了。"然后，他会大踏步进入厨房，快速打开纸巾盒，动作有些夸张地拿出一张湿纸巾、展开，熟练地清理灶台，并且抑扬顿挫地念念有词道："一片——轻松——去油污！"

孩子功课忙时，妥善引导他做适量家务，不仅有助强化自理能力，更能塑造子女躬身服务他人的意识。

家长朋友可能会担心，这会不会耽误孩子学习成绩呢？做适量家务，不会影响子女学习成绩。

不少初中生，就是在做有限家务的同时，度过学业爬坡的初中阶段，升入自己心仪的高中。高中生处于人生精力最旺盛的阶段，稍做一些家务的同时，完全可能胜任学习生活。这样的少年，离开父母读大学之后，如果正赶上全球新冠疫情，完全可以靠着一直做家务形成的生活自理能力，在大学里熬过了疫情艰难时日，出色完成大学学业。

说到底，学会做家务，形成自理能力和服务他人的意识，正是人必须掌握的重要功课。

> 花时间引导孩子爱上运动，收获的将不仅仅是孩子的健康。

奔跑，如风的感觉

鹿永建本来不是喜欢运动的人，更不擅长体育项目。但是，儿子却成为喜爱体育的年轻人。这不仅赋予他健康身体与充沛体力，也帮助他成为自律、高效的学子。

看来，即使自己不擅长体育运动，如果能够清醒地对待这件事，在配偶的帮助下，运用好自己作为家长的影响力，也能帮助孩子在体育方面较好地成长。

一

儿子上小学之前，老爸鹿永建在工作上投入的时间特别多。妈妈钱红林则从小就关注儿子的体能发展，从最初训练他抬头、翻身、在地上爬行，到玩拼插玩具和伸手蹬腿。她也抓住鹿永建有时间的机会，创造更多父子相处的时空。

鹿永建一直以为自己缺少运动天赋，不擅长运动，因此有点担心孩子长大了也不喜欢运动。钱红林倒是从小喜欢蹦蹦跳跳，她就没有这样的担心。幼儿园开始教孩子们学轮滑，她就带着儿子也去学轮滑。孩子能不能很快地学会轮滑呢？想起自己小时候在操场上笨手笨脚的样子，老爸心里真是没有底。

有一天，儿子用平静而又有点释然的口气，轻轻地告诉他：“我学会轮滑了。”当时老爸的表情，可能是有点不太相信。后来，全家人来到轮滑场，亲眼看儿子在场上踩着轮滑鞋满场飞，老爸心里的喜悦也飞了起来，说出一句后来经常说的话：“儿子，你的表现超出了我的预期。”

二

上小学之后，老爸鹿永建告诉儿子，男孩子应当喜欢足球。当时，鹿永建一直在研究教育，组织过不少的教育活动，有这方面的理念和意识。后来呢，儿子真的喜欢上了足球，还成了足球知识的小专家。这可能是因为两件事情，使老爸对儿子在小学阶段有很强的影响力，并在体育方面表现出来。

一件事，老爸在儿子小学阶段一直是班级家长委员会的热心志愿者，与学校和老师保持良好的合作关系。这所小学离老爸工作单位很近，只要吃点苦、受点累，就能够经常在校门口的安全执勤岗上戴着红袖标出现，为孩子们、为学校做点什么。

另一件事却是一个偶然。儿子上二年级时，学校举办大型活动，家长、学生和本班老师共同参与，活动的高潮是校长的到来与讲话。按照计划，热心志愿者带着孩子与家长在教室附近空地上开展一些活动，等待校长的到来。校长讲完话之后转身离去，于是老师们去送校长等离场了。

这时，所有的孩子、家长志愿者的活动都被按了暂停键，待在原地，不知该如何是好。

这时，鹿永建将那个指挥现场的话筒拿了过来，宣布："孩子与家长的各项活动，按照原计划继续进行。"又将从事教育活动的经验与积累施展出来，作了一些简单布置。孩子与家长们瞬间"活"了，快乐地开展项目，度过愉快的一天。

当鹿永建手拿话筒果断地发号施令时，有个孩子的双臂紧紧地环抱着他的腰，紧紧地！正是儿子。那一刻，老爸是英雄！是全场的英雄，更是儿子的英雄。老爸不是完美的父亲，有时会与妈妈争吵，有时会对孩子发脾气。但那一刻的勇敢、主动与果断，对儿子影响是深刻与长久的。小学中年级后，老爸有一次说，男孩子应当喜欢足球。这话被儿子听进去了。

于是，家里的储物柜里，总有他的一只小足球。放学回家之后，他会到小区旁边的小花园踢一会儿足球。后来得知，他的小学同学里面有个好朋友也喜欢足球，对他也有影响。看来，是老爸与同学的共同影响，使他坚定地喜欢上了足球。

过了一段时间，他要求妈妈买《足球周刊》。妈妈每周就去家附近一个固定的摊位给他买《足球周刊》。后来他谈起足球，就头头是道了，也有了自己最喜欢的球队。随着年龄和身高的变化，家里的足球变成了成人的那种足球，衣柜里也挂上了他的足球衣。初中一年级时，他成了家里的足球专家。不论是世界杯、欧洲杯还是美洲杯和奥运会，不论是球员还是教练，他都如数家珍，老爸老妈只能洗耳恭听了。妈妈的教育机构举办初中生夏令营，儿子在晚上开了一堂选修课，给同龄人讲欧洲杯，光演示文稿（PPT）就做了13页！

后来足球成为他交友的一个重要渠道。鹿永建的一个外甥来北京华北电力大学读书，喜欢足球，还是球队中锋。两人认识后，儿子有时会坐一个小时的公交车，到表哥的大学球队去踢一次足球。表哥有时不辞辛劳坐一个小时车来到城区，参加儿子组织的小型比赛。

三

儿子上小学高年级时，老爸告诉他，应当练长跑。当时，老爸的话对儿子还是有相当强的影响力。这话他也很快听进去了。

鹿永建的考虑是，练习长跑，更能磨炼耐性，也是更有适应性的活动。踢足球还需要一定物质的条件，但是在更简单的条件下，人都可以通过长跑锻炼身体。对很多人来说，长跑也是相当枯燥的事情，更能磨炼意志力。

他开始有意识地学习长跑了，后来也喜欢上了长跑。初中阶段，儿子跟着中科院一个硕士生一起练长跑，学到不少长跑的知识。也许是因为爱长跑，儿子总让为他买大号的旅游鞋，他后来长了一副大脚，跑起来就更稳当了。进入高中之后，儿子有时会约几个朋友在长安街上跑"微型马拉松"，大概四五千米的样子。他是组织者，组员大多比他年龄大呢。

初中一年级时，他写过一篇小文章《奔跑》，文中写道：

奔跑不仅是一项运动，更是一种释放，一种宣泄。

当你奔跑于城市与街道之间时，所有一切都会被你抛弃于其他地方。耳边的声音呼啸而过，你只一味地跑，没有止境地跑。那一刻，只有空气与你为伴，你置身于空气当中。

小学田径队每一次的训练，我都尽力去完成，不是因为我跑得很快——而是因为我享受奔跑：享受那种在空无一人的空地上飞奔而去、身体穿过空气、大风吹拂面颊的感觉。我在奔跑时，就好像孤身一人在一个全新的空间中，那个空间中，只有你自己，没有别人。

奥运之父顾拜旦曾经说过："体育，不仅能锻炼身体，更是人类的灵魂。"而作为体育中最重要的奔跑，更是能让人的灵魂受到洗涤。

每个人对于奔跑都会有不同的理解。有人爱它，有人无视它，有人恨它，不管你怎么想，它对于人来说只有一种感觉——释放。

悲伤时，跑一跑，释放痛苦与忧伤。

高兴时，跑一跑，释放快乐的因子。

无聊时，跑一跑，释放与生俱来的快感。

那么，就跑起来吧；去享受另一个世界。

在空无一人的跑道上留下无数的汗水，兀自一

人的你奔跑出极限，你会发现，奔跑是如此快乐，
如此美妙，令人心旷神怡。

……

他喜欢上了这种如风的感觉。

父母欣喜地意识到，运动已经进入儿子生命的核心意识
中。后来他也学过球类，比如乒乓、网球。高中阶段，他回
家后会经常分享在学校的"鸟笼足球场"踢球的趣事。

运动习惯使得他做事速度感很强。他是一家三口人中
行走速度最快的，而且对自己的行走速度很有把握。初中之
后，他写作业的速度一直比较快，与他的运动习惯应当有关
系。上高中时坐地铁上学，每天从家里快步走到地铁所花的
时间，可以精确到分钟。

良好的运动习惯，使他的精力在初中之后相当旺盛。在
外人看来，他在初中二年级成为班里优秀生、高中一年级时
成绩在全年级异军突起，有点轻而易举得不可思议。其实，
那种突破自我的心志和体力，在他练习和享受奔跑时，已经
形成了。

四

教养孩子，总要考虑孩子的一生。运动这件事，也是一样。

初中之后，儿子喜欢看世界杯。为了看欧洲和美洲的比赛直播，就得半夜爬起来看。

鹿永建年轻时，也熬夜看过重大比赛的半决赛和决赛，后来就改成看回放。因为他意识到不宜对足球过分迷恋。

儿子上初中后，老爸开始为世界杯"泼冷水"。二人一起看比赛转播，中场休息的电视屏幕上是商业广告。老爸就说："你看，世界杯是一个大产业，有很多体育之外的东西。我们喜欢足球，但是也要保持一定的距离，没有必要在足球上花费自己宝贵的时间与精力。为了赚钱，这些赛事的宣传和推广，有不少言过其实的地方。"

后来，他不再要妈妈买《足球周刊》，把更多的运动兴趣转向长跑和其他球类。但是，儿子依然是足球爱好者，高中一二年级的时候，如果正好考试结束，他就看上一场足球联赛的直播，感觉一下现场气氛。

后来，他在遥远的地方读博士，有时忙得连运动的时间也被压缩了。远隔重洋电话交流时，老爸转述钟南山院士的观点："你现在投入到体育中的时间，决定 20 年后的身体情况。"以此提醒他在时间分配上从长考虑，把运动时间优先安排出来。儿子大了，不知他何时能把这话听进心中。

鹿永建小时候并不爱运动，一直以为自己没有运动天赋。儿子成为运动达人后，老爸也慢慢爱上了运动，五十岁后每周要打两场球。现在，在小区的运动场上，常常在下班后跟十岁左右的孩子踢球。在他们羡慕的目光下，享受着停球时足球沿着胸部向下滑，一直滑到脚背的感觉。

评 点 ● ● ● ● ●

家庭教育故事的运动篇。

因为体育成绩占据考试与升学一定比重，所以家长对体育不敢怠慢。但是，体育运动的意义绝非止于成绩与升学，而是关乎孩子健康、品格与一生发展、终身幸福。

不同的运动形式对于塑造品格有不同的益处。枯燥的长跑可以锻炼意志力。不停地进行攻防转换的乒乓球，有利于养成抗挫折能力。对于群体配合和体能有较高要求的足球和篮球，可以培养集体意识和较强的耐力。所以，父母引导子女对于不同的体育运动形式都有所涉猎，也是个好主意。

钟南山院士从年轻时起一直酷爱运动，且长年坚持运动。运动要花一定时间，他就设法在功课学习上抓重点，因此运动没有耽误专业成长。相反，因为他拥有比同龄人健壮得多的身体与充沛得多的精力，所以在近七十岁之后爆发出惊人的专业能量和专业勇气。不是人人都能成钟南山，但体育对人都有益处。

和家人一起过电影周末

周五晚上一起看电影，是家中的生活习惯。这与家庭成员的精神成长史有关，反过来又影响下一代的成长。

鹿永建最初动笔写这篇文章时，儿子正十六岁、满嘴物理名词，且时常调侃父母都是中文系的。的确，鹿永建和钱红林大学专业都是文学，也曾是文艺青年。钱红林还差点报考北京电影学院学表演，所以她说起电影更是半个行家。鹿永建的特点是，看电影能够立即完全投入其中，又能随时置身其外。比方说，只要导演在电影中撒点挑动观众感官、刺激观众内分泌的佐料，立即就能看出来。儿子在电影方面还是很佩服父母的眼光与水平的，自己对电影欣赏也颇有感觉。

家里周五一起看电影，虽说是休闲，但是影片怎么选择、如何欣赏、看完之后如何品评，都是有点小小讲究的。

先说说选电影这一关。

起初，选片权牢牢掌握在老爸手中，看什么电影几乎完全取决于鹿永建精心整理的厚厚几包光碟。他的思路，有点像上电影课，先是经典电影，后是艺术探索类电影，最后是纯休闲的电影。钱红林提出抗议说，有时只想看赏心悦目的电影，所以自己建立了一个光碟包。

看光碟的技术时代很快过去了。儿子进入初中，就成为家中的"电影放映队队长"，初三之后基本包揽了电影选择业务。他也形成了自己的电影选择标准，就是看电影获奖情况和网络上的评价。

作为退休的电影放映队队长，老爸的影响力体现在哪儿呢？

一是纠偏。儿子常选奥斯卡金像奖的获奖电影。老爸就提醒他，好莱坞的评奖标准是有严重的倾向性的，主要反映美国自由派的观点，强调人的自由和权利多于人的责任，过度标榜当代科技，贬低美国立国之初的传统价值观。

二是推荐。老爸主要推荐中国市场并不叫座、但的确是精品的电影，取材真实历史人物的偏多。国产片《一九四二》，很有历史大片的风范，投资颇大票房却不佳，在市场上远不及同年上映的低成本轻喜剧《泰囧》。经过老爸推荐，《一九四二》在家中看过多次，每次都觉得受益匪浅。美国电影《坚不可摧》讲述"二战"期间美国意大利裔士兵路易·赞贝里尼的真实故事，经过老爸一再推荐，不仅全家在电影院看了，又在家中品味了一遍，全家都觉得很值得看。

再说说看电影的过程。

说实在的，妈妈钱红林看电影比较容易入戏，该哭时就哭，该笑时就笑，真不愧是差点进了电影学院。除了那些经得起挑剔、深深打动老爸的英雄主义电影，鹿永建则比较容易出戏。所以，家里看电影时，妈妈时常消耗优质面巾纸，而老爸则冷不防提醒一句："这是电影。"

不过，说这种扫兴话的时候，往往有些客观理由。作为家中最理性和冷静的人，老爸自认为有义务充当心灵守望者的角色。电影导演都有自己的主观立场，有的导演尤其明显，如果没有一定的批判精神，看电影时，自己的心灵真就成了导演的跑马场了。

有一回，儿子找到一部影评不错的电影，全家开始过电影周末。看了半个多小时，老爸明显感觉到，电影导演用相当高超的艺术手法，向观众推荐不宜的生活方式。老爸观察到，儿子和妈妈看着也有点不舒服，就果断地提出："这部电影不值得我们花一个晚上时间。"儿子起身，果断地把它关了。

电影是导演的艺术。电影导演为我们提供不可多得的娱乐，也不动声色地渗透观点。每个与孩子一起看电影的家长，都应当明白这一点。如果不注意到这一点，就会不知不觉中接受导演的某种相当主观的观念，还以为是自己精心观察、理性思考之后得出的独立结论呢。

总结一下家庭电影周末的经验之谈：观影实在很有乐趣，但心灵广场对导演的主观意图要有所提防。推而广之，面对小说、电视、歌曲、短视频和手机信息，也无不如此。

评点 · · ·· ····

家庭教育故事的看电影篇。

不少家长为了让孩子安静下来，把手机或平板随手塞给孩子。其实，家长完全可以更用心、有智慧地参与孩子心灵的塑造，而不是放手交给大众文化和电子产品。

仍以看电影为例，当亲子共同选择电影资源，已经在帮助孩子进行价值观的甄选了。共同观影的过程中，亲子之间的交流，不管是有声的语言，还是无声的肢体动作，都在对剧中的人物品格、行为逻辑和导演意图进行评价。如果电影中有什么不应当被未成年人看到的镜头和内容，家长在观影后及时指出来，也不失为一种亡羊补牢。家长的引导与参与，费力并不多，影响却是深刻的。

如何把那笔"巨额财富"交在后代手中

每个家庭都有一笔隐形的"巨额财富",就是自己家族中的优良家风。所谓优良家风,就是本家族最值得骄傲的那些做派,就是让周围的家族羡慕的品德习惯和才干禀赋。《陈寅恪的最后20年》记载,一代史学大师陈寅恪谈及自己得力助手黄萱时,由衷地称赞她"门风家学之优美"[11]。杨绛近百岁时撰文说到自己和钱锺书的父辈风范,也是由衷称赞。他们所说的就是一般所说的优良家风。

这些无形的财富,往往比有形的物质财富流传更久。但是,无形的财富,也可能会流失。所以,就要有意识地做些事情,使得这些优良家风传递下去。下面,就结合着自身体会,分享一下家风传递的方法。

一

逢年过节，带孩子回父母的老家，就是寻访故里、传递家风的好办法。而且，家风传递也有敏感期，就是孩子对家族故事感兴趣的年龄。2015年那年，儿子高中一年级，一米七五身高，远看已是个大小伙子，他对家族那些有色彩有传奇的故事突然更加感兴趣。父母决定春节带他回老家、汉高祖刘邦斩蛇起兵的沛县。

2015年春节，滚滚如洪流涌向故乡的人流中，相信有很多家长就在有意识地进行家风之旅。

鹿永建太爷爷鹿承赞是鹿楼镇近代教育的创始人。1909年，作为清朝秀才的他，受到近代教育之风感染，卖了6亩沙地，创办了沛县大沙河一带第一所近代学校并自任校长15年。

鹿永建也像儿子一样曾经15岁，那是尚在江苏沛县鹿楼镇读高中，不知不觉中成为这所中学学习最努力、成绩最优秀的学生，被调侃为鹿楼中学的"瑰宝"。走到大街上，有时会听到别人议论：他们这个家族出读书人。其实，他们所议论的就是家风。鹿永建三个叔叔一个姑妈，三个做了教师，自己妹妹和堂妹也做了教师。爷爷辈多有教书先生，人生足迹延展到西安、昆明、南宁、吉林等地。这与百年前太爷爷县试中秀才、中年兴办学堂的流风余韵不无关系。

不独太爷爷是秀才、他的亲哥哥也是秀才，"一门双秀才"成为鹿楼镇的美谈。美谈所带来的荣誉感和价值感的力量，超乎人们的想象力。鹿永建大学毕业进京工作十多年后，从鹿楼小学校史馆的展览中，看到了先人创办学校的事迹介绍，受到很大的震撼。2004年以来，鹿永建把业余精力投入到家庭教育和家庭关系的研究和实践，与此不无关系。

儿子在三岁、六岁、九岁、十二岁时回过鹿楼老家。生活在大都市的他，唯一感觉是老家不富裕。老爸告诉他，这个家族的人大多有两个特点，一是善于读书，读书方面不怕苦，能吃苦。二是勤劳持家，没有出现过一个赌博败家和嗜酒成风的人。老爸强调这两点，也是有考虑的。

儿子刚入小学时，比较贪玩。他能够成为一个刻苦的学生吗？坦率地讲，当时老爸是有些担心的。当时，父母一方面坚决保证他的睡眠和运动时间，另一方面不允许睡醒之后躺在床上无所事事不起床。每当这时，老爸就叫他起床，引用一段名言提醒他："懒惰人哪，你要睡到几时呢？你什么时候才睡醒呢？再睡片时，打盹片时，抱着手躺卧片时，你的贫穷就必像强盗来到，你的缺乏就必像拿兵器的人来到。"

在北京这样的大都市里，要形成勤劳的习惯并非自然而然。老爸不记得多少次用这段名言来教育他了。随着心智的增长，在妈妈的帮助下，喜欢玩的儿子成长为相当勤劳的学生。特别是借着初中考高中这段时间的磨炼，不知不觉中成为一个勤劳的学生，不需要任何人催促，能够在自己房间里安安静静地坐着学习功课。

二

儿子跟着妈妈去上海的次数更多，妈妈也常带他找寻外公年轻时住过的旧宅，拿出外公留下的珍贵旧物，讲述外公在世时的故事，讲着讲着妈妈已泪眼婆娑。不知不觉中，从未见过面的外公的做派就影响了儿子。

钱红林的爷爷钱善林本是杭州一家丝绸厂的技术人员，因为帮助丝绸厂老板调解了一场劳资矛盾，得到了老板馈赠的旧机械和白布坯，然后开了自己的丝绸厂。这位技术人员出身的企业家不一般，他在20世纪20年代后期研制改良了丝绒技术，生产出一种品质优良、花色漂亮的高级丝绒，深得上海有钱人所喜欢，企业的生意很快就发达起来，钱善林也从一位技术人员一跃成为杭州十大民族资本家之一。钱红林的爸爸钱鼎斋接续了乃父擅长技术和专业的本领，迁居上海后，精心钻研车床研究和技术，在20世纪70年代还出版过一本这方面的专著。这一段辉煌创业和快速发展的故事，传给后人的只有一些略微发黄的照片：英气逼人的爷爷，美丽而早逝的奶奶，爸爸十八九岁时健美而洋气的影楼照。

家族中那创业和追求卓越的冲动，流淌在钱红林血液中。她就职图书出版行业时，从容把握图书的各种成本、流通渠道中的各种费用、雇用发行人员所需要的成本，做起来井井有条，是一名优秀的创业者。在此之前，她已对图书出版的每个技术环节烂熟于心，就像她爷爷自己创办丝绸厂之前，已是本行业的技术精英。

精品意识也体现在生活当中。每一份早餐，每一顿午餐，她都会有所设计，每一次出行，她都要安排得井井有条。老爸和儿子的每一件衣服，几乎都由她先挑选，之后才让家人去试试是否合身，每次只要老老实实穿在身上，都会得到朋友们的一些称赞。老爸妥妥地得出结论：在穿衣服方面，她是绝对的行家，只要听她的就好了。儿子渐渐长大，他在穿衣服方面，尚没有成熟的眼光，又想体现个性，这个时候老爸总是现身说法地告诉他：你放心好了，买衣服方面，你妈妈是绝对的行家，听她的就是了。

儿子在学习和做事方面，进入青春期后已显示出与爸爸妈妈大不一样。喜欢体育活动的他，做事速度特别快，写字快，说话快，走路快，不免让人担心他会有些毛躁。

2013年底，钱红林创办的北京市爱加倍关爱家庭促进中心，正好在北京南锣鼓巷有名的朴道草堂举办亲师共成长读书小组培训活动。儿子作为志愿服务团队的一员，跟着北师大一名研二学生负责布置会场。培训完毕收场之时，书店主管洪姐一说起儿子，脸上乐开了花：他可认真啦，用完场地家具搬回原处，每张椅子的摆放位置他都要十分精确，每个细节都要求很高，比成年人要求还高。爸爸妈妈听了，相视一笑，瞧，精品意识！

妈妈的财商比老爸强，很希望能够对于儿子有所影响。自从上高中之后，钱红林把一项大大有益于财商训练的家务交给了儿子：家里的小时工买的菜，都是由儿子来记账。这项老爸觉得不胜其烦的工作，儿子习以为常地做了半年多，就俨然变成家里的账房小先生。

三

得益于撰写这篇家风文章，我们认认真真地对家族家风故事进行了梳理，也对于如何传承家风进行了思考。以下的结论，与其说是已经做到的，不如说是竭力追求的目标：

信奉大道，常怀天下之忧。鹿永建和钱红林的先人基本上是儒家学说信奉者，小家庭也笃信人间有至善至真之道，并在日常生活中笃行之。

热爱教育，为人师表。钱红林和鹿永建均投身于家庭教育和家庭关系、家校关系建造，以培训和教导为乐事。儿子高一时为他的同学补课，还去北京郊区为农民工子弟授课，俨然像小老师。

做事认真，力求卓越。工作中有很强的荣耀感，极希望成为本行业的佼佼者。对于工作质量的自我要求，往往高于本行业通行要求甚至高于服务对象的要求。

希望这些价值追求，能在儿子的子孙中传递下去。

相信每个家长朋友，花工夫把家族故事挖掘一下，梳理一下家风，所得收获会更大。

评点 ● ● ●●●

家庭教育故事的家风篇。

挖掘并接续优秀的家风、在自己核心家庭中实施出来，并传递给下一代。做父母的需细心体会，把握到位。

一、识别和挖掘家风，大处着眼，小处着手。

大处是指价值观，小处是指行为习惯。曾国藩历经人生艰难后，写信告诉亲人，不希望他们为大官，而是成为读书明理之君子。何为君子？"勤俭自持，习劳习苦，可以处乐，可以处约。此君子也。"这是属于价值观部分。

有了价值观，要有行为习惯与之匹配。曾国藩明确地把早起作为自己家风的一部分加以捍卫和传承。他写信给九岁的孩子要求"读书写字不可间断，早晨要早起"，并要求刚结婚的儿子带着新婚妻子一起早起。

二、抓住时机强化和铸造家风，胜过传递物质财富。

家风的形成，与关键人物有意铸造有关系。比尔·盖茨的大家庭中，在妈妈去世之后，他妹妹有意识地把妈妈身上一些优美的东西归纳总结，使之成为一种可传递的家风。以下是她的总结：

1. 将家里的钟表设定超前 8 分钟。

这是你们的祖母总能保证准时的方法。

2. "脚步不做任何移动的发球式"是网球场上取胜的关键。

祖母的发球是如此轻柔，刚好擦网。很多时候我观察到她的对手跃起攻击想高杀扣球得分，但都不幸出界或者下网，玛丽得分。

3. 即使你的孩子快将你逼疯了，电话铃声响起时也要立刻调整语气，保持愉快的话音。

每次当她这样做时我们快疯了。

4. 对待别人要让他们感觉自己很重要。

你们的祖母有办法使每个接触过她的人都感到特别满足，而她表露出的也是真情实意。

5. 为你的配偶感到自豪。

6. 请记住，家庭永远更重要。

7. 做家长时，父母亲对待孩子的意见要一致。

8. 给孩子坚实的根基和飞翔的翅膀。

9. 无论做什么工作都主动寻求乐趣。

男孩子到底意味着什么？以这个小男孩为样本，一起来思考一番。

男孩要有男孩样

男孩的养育，一直是个热门话题。男孩要穷养，女孩要富养，不少家长对这两句话笃信不疑，有的家长则不以为然，而这两句格言还在流传。

可以肯定的是，养育男孩，不是一两句格言就能解决问题的。养育男孩，需要对于男性气质有深刻的了解和体会，需要耐心地陪伴他走过 0 至 18 岁的漫长旅程，需要帮助他躲过男孩常常遇到的人性陷阱，了解并克服男性最常见的弱点，更需要将男孩常见的攻击性特征成功扭转并转化为最美好的男性品格：勇敢、坚定、承担责任并愿意保护他人。

希望下面的这份并不完整的"男孩子档案"，能够帮助人们对男孩子的世界有更深入的了解，并帮助家长更好地承担男孩父母的角色。

一

鹿永建和钱红林儿子的"品格儿童小档案":

年龄:7岁半

学校:北京某某实验小学王府分校

年级:小学二年级

最喜欢读的书:《世界伟人传》

最喜欢的电影:《蜘蛛侠》(动作很潇洒、很敏捷)

最开心的事:与朋友一起玩鸭子过河

最有成就的事:小说《哈里野星球》在班级网站发表

最好的习惯:做完作业后再玩,早睡觉(8:30),早起(6:00)

最喜欢的朋友需具备的条件:学习好、运动好、爱劳动、爱友谊

最大的梦想(目前):制造喷火机(节约能源,可以在空中飞来飞去)

作为老爸，站在 2023 年 5 月这个时间点上，鹿永建忍不住要给这个 16 年前的档案补充两点：

第一点，儿子当初天马行空的梦想中的一种飞行器，准确的名称为"长途滑顺火车"，并不叫喷火机。他是把比较熟悉的高速火车，直接搬到太空当中，而且还叫作火车。他并不是不知道飞机，可能觉得火车更长更威风。

第二点，儿子后来上了高中，虽然有时还写点小说之类，但正经兴趣是物理与数学。一生从事物理研究的物理学家、表舅沈先生一再告诫他，研究物理可能会受穷的，但是他上大学时还是选择了物理专业，现在是天体物理专业的在读博士生。据说，他有时会研究从太空某处到另一处的"一根棍子"。这根"棍子"，父母着实不懂，他目前也没有兴趣给父母作比较深入的科普。

二

对于七岁半的小男孩，谁最重要？当然是父母和班主任了。下面就是妈妈，赵老师和老爸眼中的这个小男孩。

妈妈眼中的他——尊重权威

对于他来说，每一次变换环境对他都是一次挑战。

钱红林每周都和儿子一起去周末"品德学校"。上周因为换了新的"品德学校"，他不适应，一到地方就作怪。一进教室，老师招呼他坐到她身边，他扭头不理睬。坐在位子上后，他身体斜着，表情怪异，一副漫不经心的样子。

够没礼貌的！妈妈觉得很尴尬。

老师开始和小朋友一起唱歌了，他似乎与动听的旋律无关，仍然身体斜着，表情怪异。后来，教唱歌的老师将他叫到前面给小朋友做示范。他面向小朋友，故意将两肩耷拉到很低处，做着鬼脸，小朋友们一阵哄笑。

这还嫌不够。开始唱歌了，他一会儿伸出舌头，一会儿闭上眼睛，像喝醉酒的样子，小朋友哄笑得更厉害了。他则似乎更得意了，继续伸舌头、闭眼睛、烂醉如泥的样子，让身在教室里的妈妈"是可忍，孰不可忍"。

妈妈起身将儿子招呼出了教室，到了一个封闭的走廊。在这个封闭的走廊上，她火冒三丈，但努力控制住自己的情绪。

"你刚才是什么样子，你知道吗？"

"不知道。"儿子回答。

确实，这样一个七岁的孩子，他根本不知道刚才在做什么。钱红林将他刚才那样子做给他看，他还在那儿翻白眼。

"你是觉得教室换了，不适应，是吗？"

"就是，换了教室，我难受。"

"今天是新环境，妈妈知道你心里有点不舒服，但是，你刚才那怪样，实在是不对的。你好好想想吧。"钱红林语调相当严厉地对儿子说。

儿子这才从刚才的歪歪扭扭中清醒过来。

"你好好想想吧，你在这儿面向墙，人站直了，别歪歪扭扭。"妈妈将他的身体扳直了。儿子看到妈妈那严厉的样子，立刻站直了，他面向墙壁，面壁思过。

五分钟后，钱红林和儿子一起回教室，他安静地坐了一会儿，开始和着大家的声音一起唱歌。过了一会儿，他冲妈妈笑了笑："妈妈，别生气了。"

他的笑脸表明他是一个对于权威心悦诚服的孩子，他是尊重父母权威的。

老师眼中的他——敢于承担　有责任意识

在班主任赵老师的眼中，这名七岁的男生是个阳光男孩，明亮的笑容时常挂在脸上，整个人看上去非常纯净。

赵老师讲述了这样的事：上学期，在一年级开展了"争当小绅士、小淑女，爸爸妈妈争当绅士爸爸、淑女妈妈活动"，活动主要反映孩子们的家庭生活实录，全家共同成长的经历，表达"今天的我比昨天的我更骄傲，更自豪"的主题，儿子将代表一（6）班在全年级400多个同学面前进行演讲。

演讲的那天是周一，一大早，老爸像往常一样把儿子送到学校。并告诉赵老师儿子突然发烧了，38摄氏度！平时遇到这种情况，儿子会在家休息，但当爸爸征求他意见，演讲是不是就不去了？儿子非常坚定地说："我要坚持参加演讲，我代表的是全班40多个同学，代表的是班级的荣誉，我不能因病而耽误。"

后来儿子镇定自如地走上了演讲台，他语言流畅，声音标准。声音脆亮，情绪饱满，当时，在场的全年级同学有四百多人，除了赵老师，没有一个人知道正在台上声情并茂地演讲的鹿同学正发着38摄氏度的高烧。儿子的演讲一结束，台下立即掌声响起！

儿子一走下台，老爸立即把他带到医院去看病。

看着鹿同学依然纯净的笑脸，赵老师感动地说："在生病的情况下，他用意志和毅力坚持来完成任务，真是个了不起的孩子。他的责任感，在同龄的孩子中少见，这一点在我从教十多年的生涯中，留下了难忘的印象。"

爸爸眼中的儿子

一个男孩子的顽皮、恶作剧里面，蕴藏着无比的创造力。关键是要让他释放出来，适当时候要加以引导，到时就会结出奇妙的果子。

"我们从来没打算让儿子成为什么天才儿童，现在也不这么想。即使现在，他因一篇虚构作品《哈里野星球》在班里40位同学及家长中声名大噪，我们也不觉得有什么。说来可乐，这篇小说的出笼，全赖于他的一次胡闹。"

有人说幽默感是天生的，也有人说来自挫折。但是，儿子的幽默感比起爸爸妈妈的幽默感加在一起还多得多。而且，他总是在父母发现有趣的事情之前就发现了乐趣。

儿子的最大乐趣之一，就是坐在爸爸大腿上一起打电脑。他最喜欢的是瞎打。有一次，他开始用妈妈最喜欢用的智能ABC瞎打，结果打出一堆词组，而且夹杂着一些让人摸不到头脑的文字：

"人生将计就计将计就计将计就计将计就计"

……

老爸一读，儿子就在爸爸的腿上乐得快喘不过气来了。

"他妈妈作过物理学家费曼的书《你干吗在乎别人怎么想》的责编，于是梦想着让儿子成为像费曼一样的架子鼓手，因此为他买了一副架子鼓。因为架子鼓老师太凶，他就不想再学了。但是他练就了一副好手指和节奏感，所以手指能在电脑键盘上很得意且轻松地敲打，偏偏智能 ABC 又那么配合，随便怎么打，总能出些字，个别句子内容深刻得让老爸大吃一惊。把这些句子分分行，加一点标点符号，看上去就成了一首超级现代诗，他自己起名为'我的百老汇'。老爸让他读一遍，权当训练他的阅读。他一边读，一边乐，大有快感，大有成就感。"

"有一天，他很认真地对我说：'我要写篇文章。''好哇，'我说，'但你要认真地写，不光是打着玩。'他说知道了。就开始边想边编，把看电视、看书得来的幻想故事编在一起，写出一篇几百字的幻想故事《哈里野星球》。他妈妈给稍作了一下编辑，后来我把文章放在儿子的二年级（6）班网页上，结果引来了上百次点击率（这意味着全班 40 位同学和父母可能都成了读者），还有 18 次留言。有的同学父母见面后很严肃地问我：'你是怎么培养鹿同学写小说的。'"

"我的天啊，我什么时候培养过儿子写小说了。这可是太冤枉了！"老爸脸带一副无辜的表情说道。

三

男孩培养有一些较深入和无法回避的话题，比如何为男性气质、男孩的攻击性、自己孩子受欺负怎么办、男孩的性教育等。有一次，同行以这个小男孩为例，与鹿永建和钱红林讨论这些难题。

以下是教育同行与父亲鹿永建的问与答：

问：作为父亲，您是如何塑造儿子的男性气质的。

答：一个男子的特点就在于他的责任感、对于男人和女人区别的清晰了解、对女性的保护意识，勇敢和坚定等。

对于长得白净可爱的儿子，我经常提醒他，你是个男子，你长大之后要保护家庭，保护女人，家里最粗最累的活都是男人要干的。结果，我一操起五金工具干一些修理的活儿时，他也操起工具来。后来，他居然无师自通学会钉铁钉子，修好了我家的鞋柜。

一个男人的勇敢是十分必要的。与儿子一起相处的时候，我很注意自己的表现，尽可能更勇敢、果断一些。比如，在一些公共场合，当需要有人出来说些什么时，我就会立即站出来说话。这时候，我经常会拉着他的手，或者揽着他，当我开口说话时，他的身体会明显地震动一下。我想，我此时此刻的勇敢和坚定，已经传递到他的身上了。

男人要能细也能粗。我儿子在妻子的培养下，成为一个美食家，比我更善于品尝美味。我呢，一再提醒他，好吃的东西要吃，不好吃的东西有必要时也要吃下去。比如说，你要是带领一支部队，行军在旷野里，难道还能对食物挑挑拣拣么？他慢慢地接受了这一点，学会了对于食物的味道，该忽略的时候就忽略一点。

问：你们家是一个学习型的家庭，这种学习是如何进行的？在孩子品格和习惯培养上，带来什么帮助？

答：学习型家庭，就是以开放的心态来面对新事物的家庭，但是并不追新逐异、随波逐流，而是在自己坚信的价值观之上进行。

我们家庭的学习和分享，有时是在晚饭的饭桌上进行的。差不多快吃完饭时，夫妻经常会就一些事情进行分享，儿子经常会静静地听。有时，他听得不耐烦了，我们就停住，听他来说几句，谈他的事情。有时候呢，他遇到一些特别的事情，他的事情就成为当晚的中心话题，我们会与他一起谈这件事情，谈得比较深，让他从所经历的快乐事情中受益，也从所遇到的挫折中受益。

孩子品格教育的效果，根本上来自大人自己的行为。前些年，我父亲发现身体长了肿瘤，我们接他来北京治病。我在一段时间里，都为此而奔波，很投入，很辛苦，但是能为生病的父亲做些事，我心里也觉得很香甜。

我的儿子看到我这么忙，脸上经常出现震惊的表情。他对见过不多几次的祖父，也表现出很亲昵、很深的爱，也是我所始料不及的。事后我想，关于如何孝敬父母的功课，我没有给他讲过，但是我已经做过了，他看到了，也已经学到了。

问：为了给孩子一个安全成长的土壤，在夫妻关系上是如何经营的。

答：孩子需要一种安全的环境，夫妻也同样需要。在这个方面，我相信人性是可以改变和完善的。人每天心意更新而变化，就会更加趋向于完美。

由于幼年的成长环境所致，我更喜欢安安静静地一个人待着。晚上在家里，如果让我自己选择，我会在吃完饭后自己待在一边看书、打打电脑、写写东西什么的。但是，这种生活方式对于夫妻关系来说是消极的，对于父子关系来说，可以说是不合格的。

担负丈夫和父亲责任的理性意识，使我努力改变自己。借助于对于希伯来经典、中国经典、美国杜布森博士《培育男孩》《爱必须自尊》《女人要你懂她》等系列图书的学习和经历的磨炼，我的确在改变自己。比如说，妻子累了，晚上就想向我倾诉一下。在过去，我会避之唯恐不及，因为她打扰了我的安静空间。但是，出于责任感，我努力回应她这个需求。久而久之，对我自己就有了效果。有一天晚上，我突然发现，她的诉苦，再也不能对我有什么负面影响了。我就明白了，我的心灵深处生长出来一种新的能力。

女人天生多是"不可救药"的浪漫主义者，我妻子也是如此，她终生都需要谈恋爱时的那种情调。很长时间里，我极不适应，我自以为是地以为，结婚之后，夫妻之间只要保持内心深处的爱情和实际生活上的支持就可以了。我以为，我天天板着面孔想自己的事情，但是心里爱她，妻子也会很开心。但是，妻子一再提醒我，这不对。

后来，我看了杜布森博士的《女人要你懂她》，才明白了女人的浪漫主义天性，努力去做点这方面的事情。一时有了明显的改变，自以为得意。又过了一段时间，妻子发出警告，我在体察妻子需求方面又有些退步。我明白，我的努力还只是初步的，没有成为自己的习惯，更没有成为内心深处的需求。还得继续努力。

作为母亲，钱红林也接受了提问，以下是她的回答：

问：你们培养孩子的目标是什么？你们希望孩子成为什么样的人呢？

答：希望他成为有幸福感的人。

高能力、上好大学这些具体的目标，是一般父母对孩子的期待。然而，一个人或许很成功，但不一定感到幸福。我们的目标是综合的，希望他有知识和技能，能立足社会；同时具备良好的人际关系，在人群中受到尊重；更重要的是他个人的内心要有安全感和满足感。内心的力量是强大的，不管遇到人生什么样的危机，他靠着这样的力量可以去超越。父母要在孩子童年、少年时期给予他充足的爱，否则他成年后会感到缺乏内在的力量。

问：按照杜布森博士的观点，男孩有略强的攻击性，要引导他日后形成保护他人的能力。那么，你是如何正确引导儿子的攻击性行为的？

答：每个男孩子都有攻击性，有的表现得强些，有的表现弱一点。男孩幼年的攻击性需要加以正确引导，成年后可以发展为保护他人的能力，比如保护自己的妻子。

引导和改造男孩的攻击性需要一个过程。自己孩子面对一个比较霸道的孩子，如何应对？这是好多父母的烦恼。儿子两岁时，小区中有个同龄男孩攻击性就比较强，还喜欢抢夺东西，看到他就无缘无故地打他，儿子就害怕，离得远远的。

我就告诉他："如果是别人先打你的话，你要找他不重要的身体部位回击。"儿子有畏惧心理，不敢回击，我就在家与他一起演练。果然有一次，当那个孩子正打他时，儿子揪住对方身体某一个部位，对方就老实了。

儿子本以为对方是个"大老虎"，原来"大老虎"也没什么可怕的，从此不再害怕他了。在与这个厉害男孩的正面交锋中，儿子扫除了畏惧心理，从此，他与人交往，没有那种"畏畏缩缩"的表现了。说来也怪，这两个交锋过的男孩很快成了好朋友，几天不见面就互相想念，急着要见面。看来的确如此，稍有些打闹，这是男孩独特的社交语言。两个彼此不畏惧的男孩，可能成为朋友，懦夫很难有勇士做朋友。

儿子小时候也会去欺侮比他弱小、反应比他慢的孩子。三岁在幼儿园里，有一天午睡起床后，把一个小朋友的脸弄伤了。我当时没有任何含糊，管教得特别严厉。我回家很严厉地管教他，并请他跟着我的话重复："我打小朋友是不对的，我以后一定不打小朋友。"让他笔直地坐着，把白天所犯的错误好好想想。半小时后，他说："以后再也不打人了。"我将孩子拉入怀中，紧紧地拥抱他。他泪如雨下，哭了很长时间。我告诉他："妈妈爱你，才管教你的，为了使你以后不再做错事。"孩子不停地点头，表明他明白了。这是一个激动人心的时刻：错事被纠正，犯错被饶恕，爱被激起。

事后，我带儿子一起去那位小朋友家赔礼道歉，我们还带上了各种好吃的食品。这件事发生后，他比较容易控制自己的攻击性了。碰到比儿子弱小的孩子，我就告诉他：那个小朋友很温和，这是他的特点，你要学会与他玩。

人性就是有弱点的，欺软怕硬就是其中之一，男孩子更是如此。我帮助他学会"不怕欺负者，同时不去欺负别人"，在两者之间加以引导，孩子的男性气质就能健康发展。

通过经历各种事件，他慢慢地克服了"欺软怕硬"的人性弱点，向勇敢的男人迈进：面对强悍的，欺侮他的，敢正面回击；面对弱小的，准备给予帮助。

问：男性气质，这意味着什么？如何让孩子明白这一点？

答：关于男性气质，首先要让孩子明白，做一个男孩就意味着不去做女孩。这听上去有点小儿科，实际上，这太重要了。有的邻居看见儿子长得又白又嫩又可爱，随口说他长得像一个女孩子。我们就比较正式又温和地纠正说，他是个男孩子。儿子四岁时，有朋友从上海送了一件黑色大花的男式衬衫，很休闲的那种。那时，正是儿子男性身份意识生成时期，他说什么他都不肯穿，因为他认为那是女孩穿的。到了六岁时，他肯穿了，因为他明白这样的花色是男式的，不是女式的。

关于男性的意义，还与性教育有关。孩子的性教育循序渐进，并在青春期前进行基本完成。

一般来说，孩子在3—5岁时会对自己的性别特征好奇，更会对异性的性别特征好奇。"女孩子是怎么尿尿的？"这几乎是每一个男孩在第一次性别确认期的问题之一。父母可以找来人体画册，给孩子作个简单介绍。有的男孩这个时期的性别好奇未能得到答案，日后会在女孩尿尿时去蹲看，弄不好会惹来麻烦呢。

接下来一段时间，孩子会问"我是怎么生下来的"，父母可向孩子解释人类生命的神奇。孩子会反复地提问，四岁时，你的回答让他好像明白了，到五岁时他又会再次提问，表明四岁时他得到的答案已经不够了。所以，我们的答案，要根据孩子的理解力，逐渐明确和详细起来。

关于"我是怎么生下来的"，我们是这样给儿子渐进地解答的：

"爸爸妈妈在没有孩子前，可想有一个孩子了。

后来，爸爸的种子种到了妈妈的子宫里，爸爸的种子和妈妈的种子结合在一起，就是你。一开始，你是一粒种子，后来，一点一点地长。"

一年后，孩子来问："爸爸的种子是怎么到妈妈的子宫中去的呢？"我们会回答："爸爸妈妈亲热的时候，两个人在一起。我们两人在一起，想要一个你这样的孩子。"

再过一年，孩子进一步问，这时我们会向他解释精子和卵子，带着他一起看DVD《人体的奥秘》，精子和卵子在画面中被描绘得生气勃勃，生命被赞美。

再以后，孩子对生命和性知识将不可避免地想知道更多。在他有这方面的知识需求的时候，我们将随时准备着。我们的态度是，告诉孩子真实的知识，不要说假话；告诉孩子，他是独特的生命，很宝贵；还告诉孩子，两性是美好的。随着年龄长大，日后的性教育将更多由爸爸来承担。

家庭教育故事的男孩篇。

培养男孩，首先要有一个明确的目标，就是将他培养成一个好男子。一个好男子的品格，至少应当包括以下几项：

主动、进取、有责任感

这是几乎所有父母都能想到，并着力引导和培养的品格。主动精神是成功人生的第一引擎，进取心是男人有所作为的前提，而坚实的担当意识催促着男人担负起作为公司职员、社会的公民和家族成员的责任，遇到困难也不退却。

保护家庭

成为家庭的保护者，这是所有父母都应当通过言传身教，让男孩逐渐明白的道理。有人生阅历的人都明白，一个家庭中如果有一位勇敢果断的男人，外人就不敢来上门寻衅滋事。如果家里的男人软弱无力，就无法承担保护家庭的责任。

体察女性及孩子的需要

这是一些男性比较容易忽略的一个方面。一个稳定而又有活力的家庭，离不开男性对于女性的体贴与尊重，离不开丈夫对妻子，父亲对孩子的细心观察和精心照料。

健康的男性气质

健康的男性气质，包括内在的阳刚之气、坚定、果断、大度、幽默感，必要时不拘小节，对女性的小打小闹适度忍让等等。大男子主义不是健康的男性气质，娘娘腔也不是。

女孩要有女孩样

关于女孩培养的课程、视频和书籍真多，让人眼花缭乱。对于家有女孩的父母，钱红林特别想叮咛一件事，那就是别忘记培养女孩子的温柔之心。

女孩子的温柔之心，是女孩的美好特质。就像新鲜的空气、清晨的阳光、清洁的水流，女孩子的温柔之心，是家庭、世界和女孩子自己不可缺少的。

那么，如何培养和保护女孩子的温柔之心呢？

什么是女孩子的温柔之心？

钱红林看来，女孩子的温柔之心，就是看见妈妈切菜的时候不小心切了指头时，女孩子对母亲的那个心疼；就是看见爸爸下班后的疲惫时，女孩子对父亲的默默关心；就是知道另一个孩子被人欺负后，女孩子用手抹去他眼泪时的关怀；就是感受到自己心痛的时候，女孩子能哭出声能哭出眼泪，而不是咬紧牙关硬撑。

钱红林坚信，凭着做父母的心灵，能感受到女孩的那颗温热的柔软的心。

也有些父母错待女孩的温柔之心，钱红林讲过这样一个场景。

有一个四岁女孩，她的小猫从家里溜出去走丢了，她哭了，哭得好惨。她的爸爸说："哭什么哭？！别——再——哭——啦！"她的妈妈说："你这孩子傻不傻？猫猫走丢就走丢吧。要不，妈妈再给你去买一个新猫猫。"

亲爱的朋友，你们说，女孩为她的小猫走丢而伤心的时候，女孩的爸爸妈妈冷冰冰略带讽刺的话，会给女孩的柔软之心带来什么样的影响呢？只可能是负面影响。

这本是一个教育的好时机。当小女孩为走丢的小猫而伤心的时候，就是她的温柔之心被抚摸的时候，是父母保护女孩温柔之心的好时机。是的，当小女孩为走丢的小猫而伤心的时候，应当是她的温柔之心被抚摸的时候。

父母应当怎么做呢？应当小心呵护这样的时刻，让女孩哭一会儿，让她充分地表达她的伤心，然后用温柔的话语安慰小女孩，一起讨论下一步的行动计划。

不要给女孩子买带有性别色彩的玩具？钱红林说："我

不同意。"

有些专家说，不要给女孩买带有鲜明性别色彩的玩具，在商店中避免在有芭比娃娃和玩偶的通道逗留，而是只向孩子提供鼓励科学发现、竞争、探索和解题的游戏与玩具。

持有这种观点的专家，在挑战女孩的女性性别教育。他们认为，若随着女孩的女性天性培养女孩，比如喜欢洋娃娃、喜欢玩过家家游戏，女孩的智力发展会很成问题。

这样的观点有些偏颇，钱红林的建议是：需要就着女孩的天性，买她喜欢的带有鲜明性别色彩的玩具，比如洋娃娃、娃娃的服装、过家家的玩具、好看的饰品等。同时，父母也要注意多样性，有意识地购买一些女孩容易忽略的益智玩具，比如有益于鼓励发明、探索、竞争及培育解决问题能力的玩具。

总之，不要让女孩天生的温柔之心变成硬邦邦的石头。

不要培养不会哭、不会笑、冷漠无爱的女孩。

钱红林创办的北京市爱加倍关爱家庭促进中心，接待过一位王女士，年龄约四十岁，她有很严重的情绪问题，经常陷入抑郁和悲观，医院诊断她有中度抑郁。中心的咨询师建议她，要放松，如果想哭，就哭出来。

王女士告诉咨询师，她从来不会哭，小声地哭泣都不会，更何况是大声地抽泣。王女士说，她从来不知道哭是怎么回事，哪怕心里很难受很难受，想哭就是哭不出来。

天哪，这位女士的心头和身体里该包裹着多少难受啊，因为，这些难受从来没有通过眼泪和哭泣被排除出体外。

王女士说，好像在很小的时候，大概四五岁吧，有一次不知道什么原因，她哭了，这是她记得的自己唯一一次哭泣。那次，她的爸爸和妈妈站在她的面前，用很严厉的口气说："不要哭了，再哭，你就要吃拳头了！"王女士眼睁睁地看着父母，硬生生地将眼泪憋了回去。王女士说，从那以后，再没有哭过。长久不哭，就不会哭了。

朋友们知道吗？王女士不仅不会哭，她也不会笑。她很冷漠，没有爱心。用她的话说，她没有愿望去爱别人，连对自己的小孩、老公也几乎没有感觉，有时候，烦他们，恨他们……

天下父母都不会希望自己的女儿长大了是这个样子的。不会哭、不会笑、冷漠无爱，那不是人们想要的样子。人们想要的是，心肠柔软、笑盈盈的女孩，既温柔又坚定。人们见到她，就感觉到她身上所充盈的女性魅力。

女性魅力不是一天就能养成的，而是父母悉心保护女孩那颗柔软的心而成就的。

再看一看，父母这么做是否合适？

十来岁的女孩欢欢，好朋友被同学欺负了，一些霸道的女生对她的好友一顿恶语中伤。回家路上，欢欢将手臂搭在好友的肩上，说了一些安慰的话。

回家后，欢欢将这些跟妈妈说了，妈妈站在一边冷冷地说："天底下欺负人的事太多了，像你这样心软，以后还不知道会被人欺负成什么样子！"

温柔之心，为什么一定会被人欺负？这个关联不成立！这位妈妈冷漠的态度太不合适！女孩心柔软是好的，只是心灵柔软还须意志坚定。

欢欢将手臂搭在好友的肩上安慰她的朋友，这是她的温柔。同时，她让自己不被人欺负，这是她的本事！如果她还能让那些欺负人的女生转变为不欺负人，那就更有本事啦。一个有本事的温柔的欢欢，支持你！

还记得刚才提到的那个场景吗？四岁小女孩为她猫猫的走丢而哭泣，知道这个时候正在发生什么吗？这个小女孩的心灵感到孤独、无助，她想象着走丢的猫猫无家可归、饥寒交迫。这个时候，这个小女孩的感受被无情地"喊停"。如果多次被"喊停"的话，小女孩的心很可能会变得冷漠。

爸爸和妈妈可以这么说：你的猫猫走丢了，你很伤心，我们也很伤心。我们一起想办法去找小猫猫吧，贴个告示？

或者在朋友圈发个寻找猫猫的信息？……不过，如果真的找不到猫猫了，你得接受这个现实呀。

这个时候，小女孩的感受被父母呵护了，她会更珍惜生命，也会更珍惜她所拥有的爸爸妈妈和温暖的家，温柔之心就在她心中成长，将来会成长一片生命的绿荫……

有温柔之心的女子，才有能力爱自己、爱他人。

21世纪女人最珍贵的是温柔，那种带着坚定意味的温柔。

有人说，21世纪最珍贵的是信用。也有人说，21世纪最珍贵的是人才。

那么，21世纪的女人最值得拥有的是什么呢？是带着坚定的温柔。

培养一个坚定而温柔的女人，并不容易，却值得为之努力。因为，坚定而温柔的女人，是人生之幸，家庭之幸，民族之幸。

评点

家庭教育故事的女孩篇。

有位年轻女士，她总是令朋友、亲友甚至路人感觉如沐春风，人们感觉她魅力非凡。有一天，有个普通朋友突然意识到，她其实相貌平平，但却常常温柔地笑着，自自然然地笑着，发自内心地笑着。

原来温柔是如此美丽，而且力量非凡。它出自人的内心，又最能进入人的内心。温柔一旦与女性相遇，就是加倍的温柔，十倍的美丽，百倍的力量。

现代家庭在培养女孩时，当然要送她去上大学，培养她成为知识女性，让她能够仰首挺胸地进入职场拼杀得胜。还要培养她强健有力的体魄，坚忍的品格，独立生活的能力，面对挑战挫折不气馁。当然，如果家里有条件，也可以支持她多买些好看的衣服、高雅的饰品、多交得体的朋友。

上述这些都是好的。而女孩的温柔之心，是知识中的知识，美德的美德，是灵魂的最佳服饰，是赢得朋友的金字招牌，是职场得胜的利器，是妈妈爸爸最贴心的安慰，是未来男友和老公的甘泉，是以后自己孩子的安宁和快乐，也可以滋养自己的生命。

家有女孩的家长，好好培养她的温柔之心吧！

亲子交流时间，从突然停电的故事说起

一

先讲一则故事，来自绘本《停电以后》。

作者约翰·罗科（John Rocco）曾和家人一起居住在纽约布鲁克林，在那里他们经历了令人难忘的夏季停电。这个绘本正是依照作者当年的生活经验创作完成的。

一个平常的夏天夜晚，美国纽约，闷热、喧闹、忙碌。妈妈在家办公，一定是有紧急的工作要处理；爸爸在烧饭，一家四口的饭菜；姐姐在煲电话粥，正说得起劲呢；小妹妹呢，找妈妈玩不合适，妈妈在忙工作，找爸爸玩，爸爸说："实在对不起"，找姐姐玩，姐姐说："你走开。"小妹妹没人一起玩，实在无聊⑫。

突然，停电啦。灯火辉煌的纽约城变成了一个黑黢黢的城市，小妹妹看着黑黢黢的城市，只有发呆的份儿。

因为停电，爸爸、妈妈、姐姐都放下了手头的事情，去和小妹妹一起啦！小妹妹真是喜出望外。看，这一家四口下了楼梯，去看天空。

走出去才发现，哇！这么多人在露台、在阳台上看天空呢！甚至还有人在街区开起了派对。

意外停电，使得忙碌的城市人放下了手头的事情，终于有了"休息"。停电，使得少有交流的家人走到了一起，可以深度地交流。忙得连跟家里人说话都没有时间的大忙人，从中受到了什么启发呢？

二

拉回到自己的生活中。

高一去上海郊县学农之前，钱红林以为世界所有地方的夜晚都是有路灯，即使家里熄灭了灯，屋子里还能隐隐约约地看得见东西。高一在上海郊县学农，才知道有的地方等屋子里的灯熄灭以后，世界漆黑一片，伸手不见五指。在电灯发明之前，如果不点蜡烛不点煤油灯的话，夜晚的世界可能就是这样：漆黑一片。

现今生活的世界，夜晚是那么明亮，屋子里的灯那么亮堂，这很好。但是，偶尔也可以"原始"一点，主动

"停电"。

关掉家中所有的灯，让屋子黑黢黢的，这时正是亲子游戏好时光——

1. 亲子编故事

爸爸、妈妈和孩子一起编故事，宇宙的、外星人的、穿越时空的、现实场景的、学校的……各种各样的故事都可以编，展开想象的翅膀。

有个大导演叫斯皮尔伯格，"餐桌上的故事会"是他的家人每天晚餐时间的最爱。我们可以学学斯皮尔伯格家"餐桌上的故事会"的编故事的方法，在黑黢黢的屋子里，进行亲子间的编故事。

斯皮尔伯格会先说出一个故事的主线，然后让孩子一个接一个按这条主线编故事情节，通常在二三十分钟之后，斯皮尔伯格为故事作一个总结或者结尾。

2. 知心话大冒险

家里的灯暗了下来，心中的灯亮了起来。这个时候，要吐露真情。孩子可以吐露真情，同学之间、朋友之间、师生之间的藏而不露的感受和情感尽可以说出来，委屈难过也尽可以说出来，如果对爸爸妈妈有意见也可以说出来噢。爸爸妈妈可以将心中的愿望告诉孩子……

啊哈哈，关灯，暗下来；开心，亮起来。

三

对那些特别忙的家长朋友，被动停电的机会遇不上，主动停电的心情还没有，那该怎么办？有三个时间，是人人都有的，就是吃饭时间、沙发时间和睡前的时间。抓住这三个时间，家人的感情交流就不会缺少，孩子心中的爱箱也不会空。

1. 吃饭时间

人人都得吃饭，最好一天之中最少要有一次与家人在一起吃饭。如果晚上回来晚，那就把早饭安排在自己家中。再忙的家长，世界在早饭时间离开你一会儿不会大乱。午餐和晚餐能在一起吃，当然更好更从容。

吃饭时间不光吃饭，家人要一起说几句话。一天的安排要说。分开的时候，就会有家人在某个瞬间想到你，心中默默为你加油，那感觉要多棒有多棒。自己的心情要交流。三言两语，不好的心情说出去就释放了，好心情说出去大家一起分享。

如果可能的话，吃完饭有意识地在餐桌前坐几分钟，十分钟、二十分钟当然好，两三分钟甚至一分钟也相当有益。爸爸妈妈儿子女儿甚至包括长辈，世界上最亲爱的人，说几句鼓励的话，拉拉手，双目相对，甚至合眼静坐，都能近距离感受到亲人的存在，一分钟充完电全天用不完。体会一下这个办法，试试吧。

2. 沙发时间

如果家人能有些空闲时间一起待在家里，那就要安排出沙发时间。沙发时间不是各自坐在沙发上，想干什么就干什么。沙发时间是指家人共同拿出一段时间，有意识地作交流，甚至是就某个专门话题做深度交流。

沙发时间如何保障？如果家里有随时打开电视的习惯，那就起身把电视关上说：咱们不看电视了，一起交流一会儿。如果家里很多人没事就把手机拿出来刷，那就起身把家里无线网关上，然后说，我们暂时不跟外面的人交流了，先跟这个屋子里的人交流。如果家里人比较喜欢没事就躲在自己屋子里，那就约个时间大家都走出来，在厅里一起聊一会儿。

如果说吃饭时间是家人之间最起码的信息交流和感情沟通，那么沙发时间往往是解决问题和深度沟通的机会。有意识地设定沙发时间的家庭，就是用心营造家庭关系的家庭。善用沙发时间的家庭，家庭关系往往既稳定，又有活力。

3. 睡前时间

入睡之前，是人最放松的时刻、最柔软的一刻，也是一天之中家人交流的最后良机。

入睡前的一刻，是很多孩子最甜美的童年回忆。妈妈把睡前故事讲完了或播放完了，然后再跟孩子说几句温暖的话。孩子带着妈妈的爱，平平安安地进入了梦乡。

睡前时间，也是一些忙碌家庭孩子与父母交流的最后一块阵地。有一对夫妇，中年背起了家族企业留给他们的债务，每天从早忙到晚。他们的孩子正在上小学，需要妈妈温柔的爱，也需要爸爸阳刚的气质和男性声音的安慰。所以，父母商量好，不管再忙，爸爸都会在孩子入睡前赶回家里，手里端着妈妈准备的一大碗饭菜走入孩子的卧室，一边吃一边跟每个孩子交流。嘴里吃的什么，基本上不知道，但是看到孩子满足的眼神，听到子女安心的声音，就能疲劳全消，开心离开孩子的床头了。

　　有一位乒乓球球友向鹿永建吐露自己的育儿苦恼：16 岁的儿子不听他的话，经常顶撞他，而且已经手机成瘾。一回家就关在屋子里玩手机，不跟家长讲话。请教怎么办？听到这样复杂的情况，鹿永建先安慰他：青春期男孩逆反心理是常见的现象，处理得好的话，十八九岁就会恢复正常的亲子关系，并推荐他好好读《培育男孩》一书，边学习边操练，慢慢解决问题。

　　球友欲言又止，最后说出了自己采取的解决方案：花钱把儿子送进了寄宿学校。"学校里有这么多同学，他总会跟同学交流。而且宿舍里有阿姨管着，学校会把手机收起来不让随便玩。"鹿永建听了心中长叹一声，只能带着同情看着这位一厢情愿的父亲。

　　手机成瘾或者其他的不健康习惯，有一个隐蔽的原因，就是亲子关系的影响力和吸引力大大减低。亲子关系不能带给孩子以情感的满足，孩子就在手机或者其他地方寻找情感满足。而这样的情感满足，本应当在亲子关系中来实现的。

第四部分

管教难题遇上青春期

管教，这可是个世界性难题

对付"知错犯错、明知故犯"的不良行为

对待那些"公然违抗父母的权威"的孩子

能不能运用负面管教

能不能使用"轻微痛苦"管教孩子

这个难题，年轻父母想逃避

又实在绕不过去

专家争个不休

却难以说服对方

睁大眼睛，读完这里的故事和案例

你可能会陷入深沉的思考

也许可以做出明智的选择

> 这个管教的长案例，写给那些在管教孩子上有过反复挣扎的父母，因为这对父母也有过挣扎。

管教男孩的一个长故事

管教孩子是一个巨大挑战，几乎没有例外。不少年轻父母说，他们也遇上管教孩子的难题了，四处寻找解决方案。某某艺术名家的儿子，因为疏于管教，未成年时就已两次触犯法律，这样的遗憾并不少见。

管教儿子的岁月早已经过去。初次写作此文时，儿子快十四岁了，却已比老爸鹿永建高出十厘米，体力和速度也明显超过了老爸。父子关系好得很呢。应邀前来拥抱时，儿子会像哥们儿一样，拥抱后用手轻轻拍拍老爸的屁股。老爸能说什么呢？哈哈，屁股上的落差，让人感受到岁月的流逝。

但是，儿子两岁至九岁之间，公然知错犯错时，他的小屁股会被"专用小木板"有节制地敲上几下。这样的事情很少发生，但是的确会有。每次管教儿子，当父母的也会有点感情的挣扎，就像其他父母一样。

修改此文的 2024 年，父子有点像朋友了。身为儿子的父母，再次为当初的明智选择深感欣慰，对曾经接受过的教导深怀感恩，并将这个真实而曲折的管教案例呈现出来，供新一代父母代入其中，在故事中体验管教过程可能遇到的挑战和挣扎。

一

像不少人一样，鹿永建小时候曾经被父亲用手掌简单粗暴地教训过。那种强烈的负面感受，直到父子完全和解时才得释放，那已到了父亲魂归天堂之前。所以，鹿永建天然就对体罚这种惩戒手段比较反感。钱红林则很幸运，从小到大，从未被爸爸妈妈动手打过，她对这段人生经历十分自豪。因此，二人在成为父母后，起初就不认同棍棒教子，现在更是如此。的确，迷信棍棒教子，是可笑而可悲的。

后天的养育观念，不应仅仅局限于对童年经历的反思。现在呢，鹿永建和钱红林并不排斥严格规范下的、合理的"轻微的痛苦"。其中的曲折变化，有不少故事可以讲讲。

儿子即将出生时，一对可爱的夫妇主动提供的、面对面的育儿培训不期而遇。每周两次相会，他们都认真备课，讲解育儿知识。至今，他们手写和复印的讲义还被精心地保存着。这对夫妇从福利院收养了两个女儿，并视同己出；这个家庭的亲子相爱之深，与混搭的肤色形成鲜明对比。父母对孩子的管教之严，与孩子在父母面前的自由和亲昵，也像一种不太可能的奇迹，活生生展现在眼前，让人从心底感到惊奇。这一切，比略显枯燥的课程，对人有更大的说服力。

他们的课程很全面，其中一项内容就是：孩子不服从父母的权威时，施以"轻微痛苦"的管教。讲完后，有一个窄窄的小木板奉送。这小木板，相当于炒菜木铲的一半大小。

课上完了，算是接受了这种育儿方法。但随后，鹿永建和钱红林有过多次的挣扎和犹豫。

老实说，儿子一天天长大，圆圆的小脸，可爱的声音，老爸有时看着他心都快化了，真不忍心用小板子管教他。

更麻烦的是度的把握：什么时候用打板子的办法来规范他？父母发布命令他不服从，就用板子来规范他？还是在儿子严重犯错误时，才偶尔用一下这比较"可怕"的家法？

儿子睡整觉了，开始吃奶粉了……脱离怀抱，开始在学步车中左冲右撞了，家里两个大人还在经常地讨论、争论。

但是，有一个前提是绝对一致的，那就是对待孩子的任何一个举动，都要有一个长远的眼光；不管采取什么方法育儿，都要把重点放在儿子未来的成长上，着眼于他将来与人的关系、与自己的关系、与外部世界的关系。

比如说，孩子在公共场合发出尖叫的声音，有人觉得没什么不好。但是显而易见，从长远来考虑，一个只顾自己而不顾别人感受的人，是不受欢迎的，因此不能听任孩子尖叫。讲明道理，他听明白后，还尖叫，就要制止他。但是，要不要动用小板子来管教呢？家里的争论还在继续。

经过反复讨论，最后形成的一致意见是，发布一个命令之后，儿子听明白了，也知道该听话，但是他拒不服从时，先警告他一次。如果还是拒不服从，就要把小板子拿出来了。如果他就此服软，当然就起到作用了。如果还是嘴硬，那就要让他的小屁股感受到小板子的硬度了。

回想起来，两岁之后、四岁之前，实施管教过程中，使用小木板的时候并不多。特别是两三岁时，儿子知错犯错、明知故犯的事情很少有。如果发生了，不得已的时候拿出这个"家法"来，轻轻几下，孩子就立即认错了。

认错之后，就是教育的最佳时机。一般是由妈妈把他抱在怀里，擦去小脸上的眼泪。然后温柔地给他说，爸爸妈妈管教你，是因为爱你。你知道错误，承认错误，改正错误之后，爸爸妈妈就更爱你了等等。

总之，这样的管教，先有明确的界限和要求，然后发出警告，不得已时才使用小板子。使用小板子时，父母是在平静的情绪之中开始的。管教的结尾时光，是孩子悔改的甜蜜的泪水、母亲和父亲共同的拥抱、更多的爱的允诺。

这样的管教，结果是好的：爱的关系的进一步加深，对于带着真理的权威的尊敬，也一步步建立起来。

二

孩子学习遵守规则、尊敬权威的过程，会不会有反复？当然会有！

如果不是亲身经历，当父母的实在无法想象，一个四岁的孩子会有这么顽强的意志！当儿子四岁左右的时候，所谓的第一个逆反期，一下子就来了。当父母的可能会觉得，前面的管教功夫全白费了。孩子不仅没有学会懂道理，尊敬父母，而是越发要自己作主，自己当王。

是的，四岁时，儿子开始坚决地说：不！他还会明知故犯地违背父母的命令。他会尝试着与父母较量：看看在这个家里，到底谁说了算。凭着他当时的体量与体能，根本不可能与大人较量，但是他的意志却显出惊人的力量。正如《勇于管教》一书的作者杜布森博士所言，在孩子身上最悖论的一点是：孩子希望被领导，同时又挑战父母是否够资格来领导他。四岁的儿子正是这样。

两三岁的时候，儿子还有些敏感，四岁时好像变了个人，意志力一下子强了起来。越长越可爱的小家伙，有点不像话了。特别是儿子有时对于明明知道应当遵守的规则，顽强地表示反对。说实在的，在他的悖逆面前，老爸和妈妈觉得真有点吃不住劲了。

父母尽量冷静下来，严肃地问道："你是不是想吃板子了？"

儿子的回答竟然是："是！"

这样的对话场景，多次出现。冷静思考和商量后，决定用小板子管教他。

用小板子管教时，他有时还会反抗。最后，由于力气毕竟还小，只有就范了。管教之后，他会认错，但不会哭泣和流泪。有时老爸的感觉是，儿子口头上认了错，心里是不是真的认错，真有点吃不准。有时，老爸甚至怀疑，儿子心里会不会产生了对父母的怨恨，等有一天身体长大之后来算总账呢？

就这样，一次又一次地管教他，冷静而有节制。心里也很有压力，至少有点不舒服。有时真有点泄气：放弃掉算了。有时心里嘀咕：什么时候才结束，有没有个头啊？

三

最困难的时候，耐心地坚持着。两年的困难期之后，也就是上了小学之后，儿子需要受小板子管教的事情越来越少了。作为父母，当然大得安慰。

鹿永建清楚记得，儿子所在小学的班里有"四大金刚"，就是四个爱打架的男同学，上课总违反纪律。儿子与他们有些交往，但没有受他们太大影响。儿子偶然也会与男同学发生冲突，事后仔细了解原因，都是别人胡闹在先。这可能是因为，儿子在家里学会了遵守规范和尊重权威，在学校建立了良好的守纪律意识。

尊重权威，并没有使他变成呆板的小木头人。相反，他思想活跃，小学阶段就开始创作幻想小说。他语言表达能力进步很快，让作为媒体评论员和教育研究者的老爸也觉得吃惊。他在同学中人缘不错，老师说这个孩子特别善良。

就在这样的日子里，儿子身高一天天长起来。他四岁多时候那种自己做小皇上、不守规则的冲动，没有野蛮生长的迹象。恰恰相反，他开始意识到遵守合理规则的价值。

九岁时他的身高迅速增长。鹿永建惊奇地发现，他没有因为长得高大而轻视老爸，反而更加尊敬。那尊敬的神情从他的眼睛里流露出来，让老爸心里深感温暖和欣慰。是的，他已经建立起对父母权威的尊敬，那是一种发自内心的尊敬。

儿子九岁左右，父母结束了这种最后落实到板子上的管教。因为儿子已经懂得道理了。而且他的自尊心增强，也不适宜再用这种办法了。

五年级那年，他已十岁，身高接近于妈妈钱红林。令人感觉最奇妙的是，他的身体越是长高，对于父母的尊敬和服从越是主动，特别是他那种发自内心的对于父亲的尊敬和服从，也已经成为他生命的一部分。他有时也会表明自己要有发言权，明确地显示自己的意志，但是言行之间表明，他明白要尊重权威，敬畏真理，讲求道理。

值得庆幸的是，在那最困难的时候，鹿永建和钱红林坚持下来没有放弃。

四

儿子三岁时，钱红林看到一本美国家庭教育的英文书《培育男孩》，作者就是杜布森博士，里面有一章就是《管教你的男孩》，她找人翻译出版了[13]。2004年，她发现杜布森博士另一本名作《勇于管教》，她也努力推出了中文版本。对这两本书的研读，有助于更好掌握爱与管教平衡的理念与方法。

很多人不明白：有一位著名艺术家的儿子，长着一副可爱的外表，又很有才华，为何做出强暴女性的恶行呢？

家长不可被孩子的外貌所迷惑，绝对不可以！

不管孩子长得多么可爱，即使看上去就像纯洁的小天使，天性有向善的一面，也有作恶的念头。其实，即使是成年人，在相当多的情况下，也是"立志行善由得我，行不出善来由不得我"。事实上，每个人都有放纵自己欲望的倾向，若不加以有效控制，就可能恶性膨胀。因此，社会需要刑法等法律，教育更需要惩戒措施。而人心的真正的变化，还需要道德感的成长和灵性的觉悟。

儿子也不例外。

回想起来，儿子在四岁时，尽管在大脑和理性上明白了该怎么做，但是他的意志并没有完全认同这些规则。那个时候，他的身体开始有少许的力量，反倒产生了摆脱规则约束、自行其是的意愿。这就是他那个时候的叛逆表现的内因。与此同时，他内心的最深处，又渴望着被一种带着爱与真理的权威所驯服和保护。这就是孩子心理上的悖论：小孩子希望被领导，同时又挑战父母是否够资格来领导他。

因为坚持在爱中对他施以坚定的管教，最终赢得了儿子对父母的尊敬，也赢得了他对于美善的规则的尊敬。儿子十来岁的时候，老爸多次发问："儿子，你因为我打过你的屁股而恨我吗？"儿子的回答是："不恨。"

十四周岁还不到，儿子已经成为家里最高大、速度最快、最有力气的男人。他喜欢运动，周末会组织朋友一起跑步、踢球。他在学校课本剧表演中出任男一号哈姆雷特，而且是学校广播电台播音员。他的成绩不断跃升，班主任老师对他的评价是越来越安静。老爸最初写这篇有关管教的文章时，问他：还记得小时候打他板子的事吗？希望他能提供更多的细节。

他说："我不记得了。"

再次问他，他说："真的不记得了。"

父子又随便聊了几句，然后老爸向他发出拥抱的邀请。他像武术高手那样，用手指快捷地在老爸肋骨上戳了一下，以更快的速度与老爸拥抱一下，并随手拍了一下老爸的屁股，然后离身而去了。想起儿子小时候缠着老爸、一再要求抱他、背他的时光，鹿永建不免有些失落，但是也欣慰地知道，对于这个青春之火越烧越旺的少年，天上的星辰和内心的道德原则是真实而坚定的。

管教孩子的父亲篇。

时至今日，还有中国家长过分迷信"棍棒教子"，其中当父亲的居多。这样的家长，打孩子可能出于以下几种情况的一种：认为孩子学习不够用功，偷懒了；认为孩子不够听话，阳奉阴违；孩子犯了错误；孩子顶嘴；孩子有不合家长心意的其他地方。

中国传统的棍棒教子为何经常演变成带来伤害的家庭暴力？大致三个原因：

其一，把孩子作为自己的私有财产。正确的观念是，孩子是上天的托付，父母是受托的管家。其二，没有提前申明纪律和原则。这样，孩子就成了无辜的受害者。经常不明不白地被父母打一通。其三，怒气上来就发作，这也是最容易犯的毛病。正确做法是先冷静下来，再管教孩子。

此外，孩子不够用功，不应该用打屁股的办法；孩子不太听话，不能动不动就上家法；孩子犯了错，不管是无意的，还是有意的，只要真心认了错，就不能再受皮肉之苦；孩子有了让家长不如意的其他地方，要具体分析，不能拿打孩子来撒气。

唯有一种情况，那就是知错犯错、明知故犯、公然违抗父母权威，父母出于爱给以适当的"轻微疼苦"的管教，让他在切肤之痛中意识到知错犯错的愚蠢！仅此而已。"轻微痛苦"的管教必须以爱的关系为前提，需要严格限制、谨慎从事。

母亲管教自己的孩子有多难

女人多恻隐之心，这是人性的常识。这并不意味着母亲在养育中，完全跟着自己的感觉走。明智之举是，母亲不违背女性细腻的直觉与慈爱，给孩子充足的母爱与接纳，又从孩子一生的长远利益考虑，在原则问题上不让步，给孩子施以必要的管教。

家庭当中，母慈父严，是常见现象。有的家庭反过来，严母慈父，也能相互配搭。管教中的分工，根据家里情况，适当灵活。

一

"可爱至极的宝宝呀
妈妈以后要管教你"
对此

妈妈们表示不太能接受

　　钱红林是一个温柔的人，讨厌凶猛的动物，也讨厌大嗓门，更讨厌父母打骂孩子。

　　怀孕的时候，当她听说以后要对这个孕肚中的宝宝进行管教的时候，眉头皱了起来；读到一本书中写，当孩子挑战父母权威的时候，需要对他施以严正的"小小体罚"，她的内心在大叫——不！

　　在那个时候，她的眼前仿佛出现一个可爱至极的宝宝，他是自己的肉、自己的肝。妈妈就是这么叫她的。那么，她也会这么宝贝自己孩子，他肉嘟嘟的样子，走来走去，他可爱极了。要管教他？不！

　　妈妈们，你们的内心世界里，是不是也这样呢？

二

　　这世间所有的爱都指向团聚
　　唯有父母对孩子的爱指向别离
　　那么
　　别离后孩子所踏入的社会

所走向的未来

意味着什么

"这世间所有的爱都指向团聚，唯有父母的爱指向别离。"这句话，看哭了多少妈妈？

妈妈们知道孩子长大就意味着别离，妈妈们知道怀抱着的孩子，以后是要踏入社会走向未来的。但是，有的妈妈对于那条社会的大河、那个未来景象缺乏想象力，虽然她们觉得是有想象力的。

除了智力、财力、情商等因素之外，妈妈们明白有一个因素很重要，那就是品格。孩子踏入那条社会大河之前，做父母的需要将孩子练就成为一个有良好品格的人。那样，当孩子踩踏入那条社会大河的时候，会不畏惧、不焦虑地畅游在大河之中。

是的，孩子应该具备这样一些品格：应对挑战、承担责任、自律自尊、与人合作。这些妈妈们都知道。但是，此外还需要"敬畏之心"。一个能接受挑战、自律自尊、承担责任的人，依然可能因没有敬畏之心而"无法无天"的，《复仇者联盟》中的灭霸就是这么一个自律自尊、有责任感、却"无法无天"的人。

妈妈们需要知道，这个"敬畏之心"，从何而来。

三

摇动摇篮的手
就是推动世界的手？
但是很多摇动摇篮的手
处于无心状态

真的有点太看重母亲这个角色了，为人母亲的人，不能承受其重。钱红林坚定地认为，妈妈只是在摇动摇篮，怎么就是推动世界的人了呢？那个灭霸（Thanos），他是有爸爸和妈妈的吧？他的妈妈怎样教导他的？他的妈妈管教他了吗？

有些孩子，父母带领不当，从婴儿期开始就是自己的主人。在他眼中，世界是以他为中心的，他是帝国中的皇帝。在儿童期，他对着父母发号施令，若世界不围着他转，他就乱发脾气。这，妈妈们见得不够多吗？

常常会有任性的孩子又哭又闹，对着父母挥动拳头，激怒父母。这样的行为，有些专家认为是因为挫败感和内心不安全感，但，这不是最重要的。最重要的是，孩子是在试探"界限在哪里、界限是由谁来制定并执行的"。

当父母的要制定规则，告诉孩子界限在哪里。最主要的界限就是：不可以做的事，不可"明知故犯"；尊重真理的权威，不可冒犯。

四

妈妈们容易感情用事
妈妈们容易失去原则
妈妈们生怕管教孩子
会失去孩子对自己的爱

对于很多妈妈来说，管教孩子，困难在于"生怕认真地管教了孩子，孩子会不爱自己了"。

钱红林与很多妈妈交流发现，她们觉得管教会让母亲和孩子的亲子关系变得生疏，甚至生出敌意。所以，她们就在一次次可以施以管教的机会面前，蒙混过关。

甚至，有些妈妈会在孩子挑战大人的时候失去了威信，沦为对孩子言听计从的大人，失去了在孩子青春期进行引导的可能。要知道，一个不被孩子尊重的母亲，孩子怎么能服从她的引导？

实际上，如果妈妈带着爱管教孩子，孩子非但不会抵触你，而且还会更爱你。因为你是一个传递爱、传递原则的妈妈。而含糊不清的家庭教育理念，才是导致孩子价值观混乱的原因。

五

杜布森博士的妈妈

一位有爱有智慧的妈妈

她管教得法

来看看一位有爱有智慧的妈妈的管教之法。

杜布森博士说，他的成名之作《勇于管教》中大部分管教孩子的方法，是他从他母亲那儿学来的。他在书中这样写道：

> 父母们必须清楚地知道，管教孩子是因为爱的缘故，一定要在管教和爱两方面保持平衡。一旦失去了平衡，麻烦就大了。从我母亲对我如此尽心尽责的行为中可以看出，她对教养孩子的意义有着深刻的理解。我相信，为了我，她会毫不犹豫地付出

生命，但是因为她爱我，所以她决不宽容无礼、背后说闲话和不顺从。

杜布森还说，他母亲的管教之法，又是从她的父母那里学到的。是的，如果妈妈们能够很好地管教自己的孩子，这个好办法就能够代代相传。

杜布森博士在《勇于管教》中总结了管教五原则：

原则一，培养孩子对父母的尊重是儿童教育中一项至关重要的原则；

原则二，最好的沟通机会通常在管教事件后出现；

原则三，避免喋喋不休的管教；

原则四，不要让孩子陷入物质享受；

原则五，在爱与管教中建立平衡。

所以，妈妈们要勇于管教，善于管教。爱与管教联手，才能培养出健康、礼貌、快乐的孩子，这样的孩子能应对挑战、承担责任、自律自尊、善于合作，而且也有敬畏之心。

(评)(点)　●　●　●●●

管教孩子的母亲篇。

当代家长，也出现了另外一个极端，就是对严格管教孩子的恐惧：唯恐稍严格一些的管教，就会得罪孩子、伤害孩子。可能有些妈妈更容易有这种担心，有的爸爸也会有这种担心。

有的父母痛恨棍棒教子，这与不少人的亲身经历有关。有的成年人回忆被父母在暴怒之下不由分说地痛打，心中依然伤痛；有的青春期还被父母揍，至今阵阵羞辱；他们下定决心，决不让童年的痛苦在孩子身上重演。但是，他们没有找到爱与管教的平衡点，最后也以失败告终。

他们和颜悦色地对待孩子，当孩子无礼时也是和颜悦色；当孩子故意顶撞、无理取闹时不敢给孩子一点严厉的脸色，更不会在小屁股上来几下"轻微痛苦"。不料，管教无效的崩溃、失控后，也可能爆发无节制的体罚，随后就是深深自责。

所以，对于"棍棒教子"的迷恋，对于必要的严厉管教的恐惧，这两者都是要不得的。正确的做法是，爱与管教的平衡；实在必要时，谨慎地实施"轻微痛苦"的管教。

勇于管教有妙招，杜布森博士如是说

管教中最难的是什么？负面管教和勇于管教。

对付"不良行为"中的"公然违抗父母的权威""知错犯错、明知故犯"，能不能用"轻微痛苦"施以管教？有人说绝不可以，有人说当然可以。美国南加州大学心理学博士杜布森写了30多种关于家庭教育与家庭关系的著作。他的回答是：可以，但要谨慎从事。

"轻微痛苦"的管教，到底用在什么时候呢？

他认为，打屁股的惩罚应当是在孩子1岁半到10岁之间，当孩子以挑衅的态度对父母说"我就不"或是"你闭嘴"时使用。当孩子表达出这种顽固的反抗时，你必须立即对挑战予以回击。

当父母在地上画了一条线，孩子执拗地用小脚丫越过了这条界线，他是发起了一个挑战："我要看一看，谁将赢得胜利？谁更有勇气？在这里谁说了算？面对任性的孩子，如果不能给出确定的答案，他将挑起其他"战争"。应对这些挑战，有时不得不用上"轻微痛苦"的管教。

"轻微痛苦"的管教，不是万用妙招。很多情况下，不能使用。

杜布森在《勇于管教》这本成名之作中这样写道：假设小克里斯在客厅玩耍时撞到了桌子，打碎了很多贵重的瓷器和饰物；假设温迪丢了她的自行车，或是把妈妈的咖啡壶落在雨中任雨淋。这些都是小孩子的过失行为，应该恰当处理。有些父母不把这当回事儿，有些让孩子以劳动来赔偿损失。这都不是对父母权威的公然挑战，这些行为不是出于任性和傲慢的悖逆，因而不应受到严格的惩罚。

下面的三个故事，正是杜布森的管教理念最活生生的证明，讲的是他自己经历的事情。

杜布森博士的母亲对于有效的管教有着不同寻常的深刻理解。

她非常容忍他的孩子气，而且通情达理。如果他放学回家晚了，只要有合理的原因，就不会受到批评。如果他没有完成自己该做的事情，她就会和他一起坐下来，共同制订一个未来行动计划。唯有一件事，她非常严格，那就是她不能容忍无礼。因为她知道，顶嘴和粗鲁无礼的话是孩子挑战父母最有力的武器，对此是绝不能姑息的。

很小的时候他就知道，如果要对他母亲进行无礼的言辞攻击，最好站在3米以外。这个距离能够让他有效地避免母亲的迅速反击，他母亲通常的反击是打他的屁股。

他对那一天学到的教训至今记忆犹新，他因为对他母亲顶撞无礼而付出了惨痛的代价。那次，他站在离母亲3英尺的地方，他清楚自己已经越过了界限，很想知道母亲会作出什么反应。很快他就知道了。他母亲转身去找能让她表达不满的东西，她抓到了一根腰带，上面缀满了铆钉和神秘的装饰物。她用力地把那可恶的腰带挥向他，他甚至现在还能听到腰带在空中呼啸而过的声音。她一下击中了他的胸部，接着，腰带上的装饰物和带扣落在他的肚子上，他饱受了一顿鞭打！那天以后，他学会了对母亲说话要措辞谨慎，之后，他再也没有用言语顶撞过她，直至她高龄去世。

他曾多次与人分享这个故事，人们反应不同。多数人觉得它很有趣，并充分理解在那一刻，他母亲的做法是不会伤害他的。另外少数人从没见过他的母亲，也不了解她对他深厚的爱，却立即指责她是在虐待他。一位心理学家甚至在他的书中，专门写了一章来谈论杜布森挨的这顿打所造成的伤害。另有一位家住堪萨斯州威奇托的男士对他的这个故事十分愤怒，以至于拒绝听他的演讲。后来，这位男士承认是理解错了"腰带"这个词，误以为他母亲是用煎锅打他呢！

如果你的意见倾向于那些批评者，请听杜博士把话说完。他毕竟是世上唯一能够告诉你他母亲的做法是对是错的人，因为只有他经历了这件事。他要在这里告诉你，"腰带事件"是一种爱的行为！因为他知道，他母亲有可能因为这一挥导致心脏病复发而有生命危险。她当然不愿伤害他的一根毛发，但是，她对他的无礼很生气，她的动机是要矫正他的行为。大家都知道他是罪有应得，所以那瞬间的伤痛并不会伤害他的自尊。杜布森博士说："不论你是否相信，但母亲的行为让我深深地感受到爱。那位心理学博士，无论你是否接受，这是事实。"

父母不应在与孩子的对抗中畏惧或退缩，而应当对这类对抗事件未雨绸缪。然后，在这种特殊时刻，父母能够向孩子们传递更多语言的或非语言的信息。

如果需要管教，其力度要以让孩子流出真实的眼泪为准。

在情感得到宣泄后，孩子常常想要投入父母的怀抱，家长应该张开双臂，以温暖和爱来迎接他。杜布森博士认为在这个时刻，你可以与孩子倾心交谈，告诉他你是多么爱他，他对你来说是多么重要。你可以解释为什么要管教他，以及下一次怎样做才能避免惩罚的再次发生。这种沟通是其他管教手段无法做到的。让孩子站到墙角，或是拿走孩子最喜欢的玩具这类管教手段无法使父母与孩子倾心沟通，一个充满怨气的孩子通常不想与人交谈。

发生在杜布森妻子和他女儿丹妮之间的一次对抗可以说明这一点。

那时，丹妮还是一个15个月大的小跟屁虫，雪莉要在壁炉中生火，想去车库后面找些木柴。天正下雨，她告诉正光着小脚丫的丹妮在门口等着。丹妮很早就会说话，她完全明白这个命令的含义。但是，她却突然跑进湿湿的院子，想穿过去。雪莉把她抓了回来，严厉地重复了一遍先前的命令。可当雪莉刚一转身，丹妮又跑了出去。显然，这是对一个清晰明了的命令的公然违抗。在丹妮第三次跑出去时，雪莉拿起一根小棍在她的小腿上打了几下。

当丹妮大哭完，情绪平息之后，她走到壁炉前，向她妈妈伸出双手，说："妈妈抱。"雪莉温柔地把她抱在怀里，安抚了15分钟。在这个洋溢着温馨爱意的时刻，雪莉温柔地让她明白了服从的重要性。

管教后父母温柔的抚慰是非常重要的，它能告诉孩子，父母不接受的是他的行为，而不是孩子本身。

十几岁的孩子如果不服从父母，表现粗野无礼，父母是否可以打他？

杜布森博士的回答是，不能。

因为十几岁的孩子非常希望被当作成年人看待，他们最恨自己被当成小孩子。在这个年龄段，挨打是他们最大的耻辱，他们憎恨挨打是有理由的。除了这个原因，还因为责打对他们已经不起任何作用。对青春期和十几岁的孩子的管教方法有以下几项：取消某种特权、经济制裁和其他非体罚形式。充分发挥你的创造力吧！

杜博士说每当他回想起他自己叛逆的青春期时，他认为他母亲是位阵地战的高手。他父亲是位全职牧师，经常在外奔波，于是，他母亲承担了养育他的主要责任。他的青春期没少给老师们找麻烦，甚至有几次被叫到校长办公室接受严厉的训斥，还挨过那根意味着耻辱的橡胶管的抽打（在那个年代的美国是被允许的）。但是，这些管教都没有改变他恶劣的态度，他母亲对他的不负责任和下滑的成绩越来越失望。很快，他就把她逼到了忍耐的极限。

一天他放学回家，他母亲让他坐下来，语气坚定地说："我知道你在学校到处鬼混，不完成作业。我也知道你在老师那儿惹了不少麻烦。"（似乎总是有一队侦探在向她报告他的行踪。但是现在他知道那是敏锐的头脑、犀利的目光和难以置信的直觉告诉她的。）她继续说："现在，我已经想好了，我不打算对你做过的事情采取任何行动，我不会惩罚你，也不会剥夺你的任何权利，我甚至不想再提这件事儿了。"

一丝放松的笑容刚要浮上他的脸庞，他母亲说："但是，我想让你明白一件事，如果校长再打来电话告你的状，我向你保证第二天我要跟你一起去学校，整天在你屁股后面跟着你。你在学校走路和吃饭的时候，我要当着你朋友的面牵着你的手，并且介入所有你和别人的交谈。你坐在座位上的时候，我会找把椅子坐在你旁边，或者干脆跟你坐在同一个座位上。整整一天我将跟着你寸步不离。"

他完全被这些话吓坏了。如果让他"亲爱的老妈"在他朋友面前到处跟着他，无异于毁灭他的社交生活呀。没有比这更严重的惩罚了！他敢肯定老师们一定深感奇怪，为什么他突然之间改变了不良行为，而且在高中第一学年年末的成绩取得了巨大飞跃。这一切的变化归根到底，是因为他不能冒险让他妈妈再接到校长的告状电话。对于一个十几岁的孩子来说，他母亲很清楚责打不是最好的管教方法，她想出了比这更好的妙招。

管教故事的名家篇。

观察与研究表明，如果时机适当、谨慎实施，"轻微痛苦"的管教，不会伤害孩子的心灵与肉体，更不会伤害亲子关系。这个规律，中外皆然。这样的管教，要注意以下事项：

一、场合要对

私下场合。

每个孩子都有自己的尊严，不到两岁的孩子也有自己的尊严。很多父母在公众场合，当着孩子同学、老师，邻居、亲戚、路人的面严加训斥、动手体罚，伤害了自尊，是绝对错误的。私下场合，比如只有父母在场，孩子还小的时候，在屁股上拍几下，对自尊心不会造成伤害。

二、年龄要对

有限的年龄段。

在孩子 18 个月至 10 岁之间，"轻微痛苦"可以作为辅助性教育手段。再早不合适，孩子 18 个月之前，没有能力理解父母讲的道理。10 岁之后，出于对孩子自尊心的考虑，不要通过体罚来管教孩子。青春期孩子的自主意识越来越强，施以体罚会让孩子逆反心理加剧。

三、前提要对

先说清道理和规则。

这是一件知易行难的事情。首先要求家长有耐心；其次要求家长自己把道理搞清楚。有的家长看到孩子出了错，不由分说就是一顿打，这不是在教育，是在培养一个坏脾气的人。有时候孩子出了错，并不知道自己是错的，只能先给他指出来。

四、态度要对

家长要冷静，不能在怒气之中。

发火的时候不能教训孩子！不少朋友立即质问：生气的时候不教训他，什么时候教训他？答案是：就是要先冷静下来，再对孩子进行管教，不然适得其反。

孩子有时候故意和你顶牛，不生气也难。为了让孩子得到正确的教育和管教，必须让自己冷静下来，再面对孩子解决问题。

五、理由要对

最关键的一条。只有孩子明知故犯、公然向父母挑战时如此管教。

有些孩子十分敏感，父母嗓门稍高一些，他就很紧张，当然不必如此管教了。对于受过虐待的孩子来说，体罚只会让他联想到所受的虐待。患有注意力缺失／多动症（ADHD）的孩子，这样的管教之后可能会更加狂暴。对于这些孩子，不能用体罚，只能另找别的办法。

有的成人没有"资格"体罚孩子：虐待过孩子的人，感觉到自己打孩子时失去控制的人；脾气火暴、不能控制自己的人；任何实施体罚时偷着乐的人。

六、工具要对

不要直接用手，最好用专门的工具。

手是用来表达爱的。拿一个专用的工具就会大不相同，这个小东西就成了处罚的代表。管教的程度，要让孩子觉得有点疼，但是不要伤着孩子。因此，打屁股就成了最佳选择，那里脂肪比较厚，不容易受伤害。

七、结尾要对

处罚之后要有和解、接纳、教导和甜蜜的拥抱。

绝大多数孩子认错之后最想得到父母的重新接纳。这时候要立即敞开怀抱把小宝贝抱在怀里，亲他，紧紧地拥抱他，帮助他擦干眼泪。还要对他说："我爱你，所以才打你屁股，你认错了，我们更爱你了。"然后再做一些其他教导。

袁隆平打算选择农学专业时，父母尊重他的想法。但是，当他小时候胡闹时，得到的是——

"打了餐饱的"：袁隆平院士的刻骨记忆

2022 年 11 月 15 日，袁隆平院士的骨灰被隆重安葬于长沙。追思活动万人瞩目，礼兵护送、哀荣备至，现场演奏着袁院士最喜爱的小提琴曲，众多网友转发"稻香处丰年"的留言，表达仰慕之情。

袁院士去世后，他的故乡、他工作过的地方，都希望名闻天下的"杂交水稻之父"叶落归根。院士子孙反复斟酌，最后选定于长沙——袁院士一生心血浇灌而成的世界杂交水稻科研圣地。古人有"生子当如孙仲谋"之叹，当今不少父母也希望子女像袁院士那样书写辉煌人生。

辉煌人生来自何处？举办仪式的这一天，年轻学子打出一条醒目的横幅，上写：袁隆平院士一生成功的秘诀："知识、灵感、汗水、机遇。"按照鹿永建的理解，"机遇"二字，不仅包括时代需求的大机遇，也包含父母教养这个上天所赐的机遇。

父母这个"机遇"，对于袁隆平的个人成长，也起着至关重要的作用。这里只讲一个小故事，就是袁隆平院士的父亲对他的管教。

很多人读过袁隆平怀念母亲的文章和作品，其实他对父亲也是尊敬有加。他在口述自传中写道：

"我父亲袁兴烈生于 1905 年，原来住在德安县城北门。他毕业于南京的东南大学，也就是后来的南京大学；毕业后他也在县里担任过高等小学的校长和督学。20 世纪 20 年代到 1938 年他在平汉铁路局工作。我父亲很有爱国心，在铁路局工作时，他做了很多为抗日战争运送军火和战略物资的工作。在抗战期间他还曾发动一个企业家捐献了 500 把大刀，赠送给西北军的大刀队。可能是因为这个机缘，后来他受到西北军的爱国将领孙连仲的器重，做了这位将军的秘书。"

为什么要引用这一段话？因为袁隆平院士小时候受到父亲严厉管教的事儿，就发生在抗日战争期间。

那是 1939 年，9 岁的小袁隆平正在上小学，全家六口随父亲逃难到了重庆。当过校长和督学的父亲知道受教育的重要性，此时仍尽全力保证自己的孩子有上学的机会，而且所上的小学、中学都是很好的学校。当时小袁隆平就读的是龙门浩中心小学，就在江边不远。

袁隆平小时候很贪玩，特别喜欢游泳。他在口述自传上这样回忆：那时日本飞机经常来轰炸，经常会拉空袭警报，警报一响，我们就不上课了，就要躲到防空洞里去。但防空洞里很不舒服，憋闷得很，我们就跑出去，到河边去游泳。一次我带上我的弟弟隆德逃学去游泳，被父亲用望远镜远远看见，他气得提了拐杖就到江滩上来将我俩揪了回去，打了一餐饱的。我以为拉上弟弟，两个同时犯错误，罪责会轻一点，各打五十大板。结果哪晓得，逃学游泳不讲，还拉上弟弟，罪加一等！结果挨板子狠狠地打了一回。

这本口述自传中，还专门收入一张照片，就是袁隆平当年在龙门浩游泳的地方，可见这件往事对于袁隆平之铭心刻骨。关注袁院士成长的心理历程，一定要关注这次"打了一餐饱的"，它对幼时相当贪玩的袁隆平的成长意义重大。

不妨结合专门讲管教的杜布森博士《勇于管教》一书，来分析一下这段经历[14]。

首先，小袁隆平知错犯错，可谓明知故犯。这是杜布森博士所说的，必须用"轻微痛苦"来管教的前提条件。

错在哪里？逃学是第一项错误，当过校长和督学的父亲不可能轻轻放过。防空警报拉响了，却跑去游泳，那是天不怕地不怕的皮大王行为，更是错，甚至可以说是不顾死活去玩水，当父亲的能不心急吗？

这些错误小袁隆平不明白吗？完全明白。他不仅明白，还拉着弟弟一起来犯错，目的是万一被父亲发现，可以有人一起"分担"惩罚，这是最典型的明知故犯。

其次，小袁隆平屡教不改，藐视父亲权威。对于这种情况，《勇于管教》的作者杜布森博士也认为，当父母的绝不能指望孩子不经管教就会学好。

从口述史上看，这对小哥儿俩犯错不止一次两次了，袁兴烈校长发现了蛛丝马迹，应当好言相劝过多次。他也知道儿子很贪玩，听不进去好言相劝，想严格管教又没有抓到他们犯错的现场。父亲只好自备了一个当时的先进设备——"望远镜"，必要时远程观察。结果，这次终于抓到了现场。防空警报在头上响个不停，袁兴烈校长一手拿着望远镜，一手拎着拐杖，来到江边，把两个不要命的顽皮儿子抓住，然后回家"打了一餐饱的"。

最后，理性管教，效果正面。家长朋友请注意，袁兴烈校长在证据确凿的情况下，也没有当场动家法，而是回家后，冷静下来，然后施以管教。这一点，杜布森博士《勇于管教》一再强调的不谋而合，就是理性地管教，而不是在气头上不分轻重、不分场合[15]。

这一次，袁隆平被收拾得心服口服。这一服，"服"到了 80 多岁口述自传的时候。80 多岁时口述这段经历，袁隆平已功成名就、子孙满堂，自传的字里行间却不见丝毫怨恨，有的只是怀恋、感激与深情。

重要的是，这次被狠狠收拾的经历，让天性敢闯的袁隆平从此也知敬畏，不敢任性胡闹。离开父亲袁兴烈恩威并施、有理有度的管教，敢闯敢干的小袁隆平到哪里去学到有所敬畏这一门课呢？

敢创敢想敢干与敬畏道德规范，共同成就了众多举世敬仰的大科学家，袁隆平就是其中之一。

评点 ● ● ● ● ●

管教故事的院士篇。

复旦大学一位教授在一个论坛上谈到管教时，讲了一个身边例子。他在北大读书时的一位老先生学问很好，但有严重的口吃，据说是小时候父亲打出来的。这个例子很有代表性。中国传统社会确实容许甚至支持过度的严格管教；书背不下来立即一顿打，这是相当普遍的。这样教育出来的孩子，的确有的成了才，却留下口吃等终生伤害与遗憾！所以这位教授很聪明地给管教加了"适当"这个限定词。

他并没有详细讲明如何才是"适当"，而杜布森在《勇于管教》中讲得清清楚楚：

唯有在孩子知错犯错、公然违背父母权威的时候，才可以"适当地管教"。也就是父母出于爱，以适当的"轻微疼痛"的管教，让他在切肤之痛中意识到知错犯错的愚蠢！

看来，父亲袁兴烈对于小袁隆平的这次管教，非常"适当"。

第 五 部 分

一生一世的守望

一生一世的守望

父母与成年子女之间的
守望，基于良好的感情
基于共同的生命成长
是成年亲人之间的
深层互动、相互影响

如果维护得好
成年亲人的相互守望
可以保持一生之久
并且超越一生
向下代代传递

离家第一年的深深依恋

子女离开父母身边去上大学，正是他们的成人期的开始，就是人生的十八九岁。这段时间，也是刚刚步入成人期的子女对父母在情感上比较依恋的时期。如何运用好这段时间，加深与子女的情感连接呢？每一次子女回家，都是最好的良机。

儿子离家远行、去上大学的第一个学期，老爸鹿永建想当然地以为，他不必总想着回家，他应当像美国西部电影中的硬汉，心中装着父母的爱，面无表情地闯荡世界，他最好咬着牙关，第一个学期就下功夫融入了当地社会。

半个学年很快过去，儿子说寒假准备去加拿大，到舅舅那里看看，老爸大为赞同：舅舅本身就是科学家，可以跟他多学一些，满一年再回家看父母吧。妈妈听了，有些不以为然。

不料，儿子在加拿大只待了一周，然后准备买机票回北京。老爸大为意外，也有些不满意。在妈妈提醒下，赶快给儿子付了机票钱，又跑到首都国际机场接他：毕竟是儿子远渡重洋的第一次回家。在机场看到儿子的眼神，老爸知道自己的确错了。

在原生家庭中，鹿永建跟着父母和祖辈学到极多的勤劳、坚韧、创意和艰苦奋斗，但是没能像钱红林那样饱尝亲人之间每个人生阶段的浓浓亲情与健康依恋关系。所以，他对儿子浓浓的回乡之情浑然不知。他总觉得，儿子只是离开了半年，可以在学校的当地做点什么，不必急着回家。所以，当儿子度过外出远行的第一个半年，心里装满了亲情的话语，准备向父母诉说时，鹿永建差点错过了这样的亲情之聚。

儿子在机场看到老爸，眼里的埋怨一闪而过，然后拿出一小瓶从国外带回来的水果维生素，倒出来几粒，递给他。老爸吃下去，知道儿子原谅自己啦。儿子循着内心的健康情感的指引回家了，这健康情感更多是他妈妈给他的。

儿子回到家中，果然言笑晏晏，与妈妈的话多而又多。开始的时候，老爸坐在一边听他们说话，心好像一片被春雷唤醒的土地，春雨落在上面，种子开始从梦中醒来。那是钱红林生命中那些浓烈而美好的情感被引种过来，在鹿永建的生命中准备长成爱的森林。

这次回乡之旅多么美好，对于老爸鹿永建来说，是生命的又一次成长。多么宝贵的回乡之旅啊，两年之后，世界就到了新冠疫情的边缘。那是 2019 年 12 月底，儿子就要飞回自己学校了，上车之前，他朝着自己从出生就居住的家鞠了个躬。没过几天，新冠疫情暴发。接下来三四年，一家三口人被实实在在隔在两处。

评点 ● ● ●●●

守望故事的初次离家篇。

少年离家去读大学，多为人生第一回长时间与父母分离。远行之前，少年就像一副张得满满的弯弓，积蓄了十八年的能量，带着对未来的盼望，急切地准备发射出去。

当少年真的来到大学校园，不管国内国外，甚至同一座城市，他们的心灵中有一次对于人生的奇妙回顾。就是在繁忙学习的同时，他们不自觉地开始了第一次对于成长经历的频频回放、慢慢反刍，这对于他们的人生是很有益的。所以，半年之后的假期，他们大多迫切回到父母身边，与父母深入交流，大家相互倾诉衷肠。

人的成长就是这样，向前的追求与向后的反思，总是在交错进行。这样的成长，和他们在课堂内外如饥似渴地吸取专业知识一样，是人生又一次成长。家长了解到这一点，就可以参与到其中，不仅可以更好地了解进入成年期的子女，而且可以加深与子女的感情连接。

> 亲人之间的网上交流，并不因方便而廉价，反而因频繁而真实珍贵。

网上的亲情，彼岸的成长

当父母的与进入成年期的子女的日常交流，越来越多地依靠网络进行。这是很自然的，成年子女越来越忙，而网络又如此方便。这样的网络交流，应当如何进行？是随意进行吗？还是要有所设计？

当然要有所设计。因为考虑到双方的方便就必须有所设计，更要有意识地将这样的交流深深地嵌入到子女和自己的日常生活轨道当中。只有这样，父母与成年子女的信息交流和感情沟通的纽带，才不会随着时间的流逝而变得脆弱，反而更加粗壮而有韧性。

一

这是此文动笔当日，一家三口约好周末通话的截屏（见

图 3）。那天，正是春节假期的最后一天。

图 3　作者一家预约周末通话的截屏

　　儿子远渡重洋去上大学已经五年半啦。老爸鹿永建、妈妈钱红林和儿子，一家人中间隔着蔚蓝色的大洋，一起度过极其难熬的全球性新冠大流行。除了几次短暂的假期团聚，其他交流主要靠一周一次的微信语音和视频。每次一个小时，至少也有两百多次了。儿子在成长，父母在成长，关系也在成长。

　　每周六或周日，全家人守在网络的一端，等待互诉衷肠。交流时间的首选方案是北京时间周六中午十一点之后，也就是儿子周五晚上八点左右，次选方案是北京时间周日中午十二点之后。每次都约定交流一个小时。尽管已有定规，妈妈总会在北京时间周五的晚上向儿子发出通话的预约，并郑重提出以上两个时间方案，让儿子做出一个选择。这样的仪式感，使得这件事显得更正规和重要。如果妈妈周五太忙，就会提醒老爸向儿子发出这样的预约。如果儿子周末有学术会议或者外出旅行，就会提出本周暂停一次。但是，这样的暂停很少发生。从父母这方提出的暂停就更是少而又少。总之，全家三口人都把周末交流当成要事。于是，有了本文开头的那一段预约的记录。

只要不是同城，子女进入大学校门，这就是通行的交流模式。相信别的家庭也是这样。新冠疫情期间，更是这样了。拜马化腾领导的腾讯公司和张小龙团队发明的微信之福，基本不费钱财，父母就能极尽方便地与在远方读大学的子女通话、通视频。

在这个家庭里，网络交流大多在北京时间周六中午十一点之后，也就是在儿子周五晚上八点左右。妈妈跟儿子总有说不完的话，就像南方初春的绵绵细雨。她先确认儿子在学校里一切正常，就放心说开去。一个星期"不见"了，要把想说的都说出来。如果老爸不暗示，她能一口气说上一个小时。儿子呢，就在大洋彼岸的学校宿舍、公寓桌子边，安安静静地听着，时不时嗯一声。

儿子喜欢听妈妈的声音。这声音，就是在儿子三岁前宁愿放弃最好的工作，也要在太阳落山前回家的那个年轻妈妈的声音。就是儿子上小学后，每个周末都与家人在一起的职场女精英的声音。就是儿子上初中后，差不多每晚仍在家里等儿子回家的妈妈声音。就是儿子上高二后，放下最重要的工作、全力以赴给他做后盾的妈妈的声音。

在通过网络交流时，妈妈说自己的日常事情，出版、讲座、视频号、同事等等。妈妈也时常会述说外婆的事情。就在儿子高考后那年，亲爱的外婆出现第一次中风。中风后外婆面部有些变形，但是对于儿子来说，外婆永远是那位宠爱他的外婆。对于妈妈来说，妈妈永远是在外婆面前那位可爱的小女孩。在写这篇文章时，外婆已经归天一年多了，妈妈说起来依然泪眼婆娑。

因了这样一周一次的深入交流，那既大且深的太平洋，在家人心里变成了一汪水洼。全家人就分别在这水洼的两边，各忙各的，到了周末就守着手机、互诉衷肠。这小小的水洼，并不那么容易跨过去，但是好在这家三口人曾有过十九年朝夕相处的日子，彼此的气息这么熟悉，想法也能够了解。而且，这隔着水洼的日子终究会过去。那时候，全家人可以自由地在一起，随时见面。

二

　　父母当然关心儿子在大洋彼岸的情况，总会设法让他说自己。有些事情，他会随时告诉父母，包括学习进度、考试情况、花钱上的计划、假期的安排等。另外一些事，他不愿意告诉父母，比如他与同学、朋友的交往。或者他觉得，有些事说了父母也难以理解，比如专业上的事情。或者，有些事情他觉得说了徒然让父母担忧，没有任何益处，就闭口不提。比如，他的宿舍之变，等他完全处理好，才语气平淡地告诉老爸和妈妈。

　　事情是这样的。踏进大学校园，跟另外两位来自中国的国际生分到一间大宿舍。硬件不错，乡音难得，其乐融融。问题很快出现，两位室友，不知是不是从小没有学会自我管理，一到美国就无限放飞了。一位晚上回来就疯狂打游戏但不说话，另一位一边打游戏一边大呼小叫。儿子深受其害，有时难以入睡。

　　换宿舍！儿子把这个想法分享给一位高年级同学。同学说：这从理论上是可能的，但是很少有人成功。不过，同学也告诉他，有一个宿舍刚刚空出来，可以试试。马上行动，儿子写了一封换宿舍的申请书，交上去。居然成功了！他搬进一间新的宿舍，小小的，公共卫生间在外面，却是单间，他才把被室友干扰的睡眠补了回来。父母听了这个故事，大为宽慰。从小养成的自律习惯辅佐了他的学习生活，让他与两位室友大为不同；小学阶段跟随父母从事公益服务形成的能力，又使他不怕麻烦问题，勇于寻找解决方案。

第一个学期快完了，期末考试成为全家人共同的话题。他在第一学年的成绩不错，后来本科期间也一直是优等生。

三

因为应付日常学习有了章法，他也开始拓展本科学习的多维空间。

从第二学年开始，他申请到了学习助理的岗位。这个岗位是本科生的助学岗位，让学生一边自己努力学习，一边协助老师帮助其他同学学习。这要先接受培训，然后再上岗工作。好处呢，学习助理可以从美国大学的财政支出上拿到一些美元工资。说起在美国大学勤工俭学，人们脑海里浮现的就是撸起袖子在中国餐馆洗盘子。钱红林的中学同学高君就读美国本科时，就在中国餐馆洗盘子。儿子勤工俭学一开始就走"学术路线"，让老爸和妈妈有点小得意。

攻读物理学学士的同时，儿子申请并就读数学学士。这应当也从是第二学年开始的。平时考出好成绩，自然有利于申请博士学位。再学个数学学士，更有利于申请博士学位。令人欣喜的是，儿子还在当地做义工，还做了微信号小主编。他还跟中国同学组织民乐队，逢年过节举办音乐会。父母在家里听了音乐会的录音，自然听得不亦乐乎。

儿子进入大学三年级，"学术路线"打工的层次也有提升，从学习助理（learning assistant）变成了 tutor。tutor 这个职务一般来说可以译成家庭教师，在大学中则指有特别任务的教师，又有点接近于大学里的助教。新冠疫情防控期间，他这个 tutor，就在电脑面前，等着低年级本科生来找他解疑释惑。就在这个当口儿，他又一次来到新的挑战面前——申请就读博士。

评点 ● ● ●●

守望故事的家人网上交流篇。

钱红林的中学同学高君（化名），是我国改革开放后 80 年代的留学生。彼时的中国，经济刚刚有点起色。聪明好学的自费留学生，家里过得紧紧巴巴，勉强掏得起单程机票。当时十分钟的越洋电话，可把普通人家两个月的收入耗尽。所以，打越洋电话，成为普通人家望而却步的事情。

聪明的高君想了一个办法，每周末思念父母之时，他就在一个固定钟点，到电话亭拨通家里的电话。拨号音响到六声时可就要开始计费了，于是第五声响过，他就把电话挂掉。原来，聪明的高君与家人有一个约定，在那个约定的钟点，如果家里的电话响起，拨号音响到第五声就挂掉，那就是他在给家人打电话！是的，高君的父母在那个固定的钟点，听到电话拨号音响到第五声就挂掉，就知道亲爱的游子在远方思念父母。电话声音没有了，但是亲人的心却仿佛贴在了一起。

亲爱的家长朋友们，讲这个故事，是提醒大家倍加珍惜与成年子女交流的机会。虽然现在网络交流方便了，但是时间永远是最稀缺的。子女一天天长大，会越来越忙。怎么办？做父母的每次与成年子女的网上交流，都应作为本周的重大事务，早作准备，郑重其事。

> 子女总得有第一次事业上独立闯关的经历，不然就不是真正自立

申请博士，全家经历新的成长

每当听到亲朋的成年子女成为啃老一族时，总忍不住想探寻他们亲子互动的真实过程，对这段小历史作一番推敲和思考。在子女成长的那些关键时刻，父母给他们成长机会了吗？当子女需要独立面对困难时，父母包办代替了吗？当子女应当独立闯关却有点犹豫时，父母明智地推了一把了吗？

下面的两个申请博士学位的故事，希望可以帮助家长朋友对上面的问题，作一番深入的思考。

一

若能攻读博士学位，是作为父母的心愿，也被儿子深深认同与接受。不论多少人自学成才，不论比尔·盖茨和扎克伯格提前退学的创业故事多神奇，不论网上有多少关于大学

学历和博士学位贬值的"宏论"，有一个教育常识必须重申：如果子女比较喜欢读书，愿意而且能够申请到机会，那就去拿个博士学位吧。人生八十年，以后再不用为学历和学位操心了，很划算。

没有料想的是，真正开始申博了，大学本科期间应付自如、有点得意扬扬的儿子，两次低下了"高傲的头颅"。

这话要从头说起。跨入一所全球排名前二十的大学读物理学，头半年适应期过后，儿子的本科学习生活就变得愉快起来。当时，华人数学家张益唐声名鹊起。而张益唐老师正是给他授课的数学老师之一，有问题可以当面请教，有时候还相遇于校车。更重要的是，儿子的专业课总能拿到理想分数，学习助理的工作也能胜任而且还有薪水。按照他的说法：有些美国同学尽管学习和专业一般，但课堂发言总是信心满满，无论对错什么都敢说。直到申请博士学位的日子近了，儿子才陡然意识到自己与美国本地优等学生之间的差距，这差距就在于自主研究。

在美国申请理工科博士，拥有本科专业课优等成绩，那只是个前提条件，并非关键要件。关键要件是什么？能够拿出专业研究经历，最好是直接拿出专业研究的成果，表明自己有学术研究的能力和潜力。儿子突然发现，那些喜欢学术研究的美国同窗，在高中甚至初中阶段就已开始关注专业领域，有的在大学本科已有学术建树。尽管儿子在高中阶段就读于北京历史最悠久的一所著名高中，但是却仍在中国的应试教育的赛道上。直白地说，儿子虽然在本科学习上有骄人的成绩纪实，自主研究的履历却苍白得很！怎么办？他开始硬着头皮四处寻找研究课题与研究团队，希望能挤进去，找到可以参与的研究项目，下一步才能拿到研究经历，拿到知名学者的推荐意见。

他第一次低下"高傲的头颅"。

这时候，他开始羡慕家里有更优质教育资源的家庭。儿子平时总调侃老爸和妈妈：你们这些文科生啊。现在，他幽默不起来了。他再次低下了"高傲的头颅"。他直接向老爸和妈妈提出：能不能帮他找到一个研究团队的资源，让他可以加入进去。

二

帮助儿子找到研究团队，设法介绍进去，拿到一个研究履历，这并非不可能。但是，老爸和妈妈希望儿子独立闯荡。

是的，如果儿子现在不能独立闯关，将来也总得过独立闯荡这一关啊。再说，儿子已经20出头，离开父母身边好几年了，也见了些世面，受到了不少磨炼，有了一定的人生经验，到了尝试独立闯世界的时候了。就冒一次险吧。

一个朋友和她儿子的申博经历，更加坚定了鹿永建和钱红林的决心。

朋友的儿子也在名校学习，也准备攻读博士学位。这位朋友的做法是，费尽心力帮助他本科阶段取得亮丽的研究经历和成果。后来，她儿子顺利拿到一所名校攻读博士生学位的录取通知，一切都顺风顺水的。天有不测风云，儿子读到第二年，他的导师发现，这位中国学生在学术研究和与人相处两方面均显出明显的幼稚，达不到她的要求，尤其是和申博时提交的研究履历形成的印象落差很大。导师果断做出决定：不要他了。

这位导师按照行规，明示这位学生，交一份硕士论文，让他硕士毕业了事。这位朋友的儿子被打蒙了，他不知道到底发生了什么事情，百思不得其解。他相当受挫，切实品尝到依赖父母的苦涩后果，一度精神相当萎靡。后来，他是痛定思痛，摆脱对父母的依赖，开始咬紧牙关，靠自己艰苦奋斗了呢？还是干脆缩了回去，更加深度地依赖父母的力量，甚至干脆回家躺平了呢？这两条路的可能性都存在。

不管怎样，作为父亲与母亲，鹿永建和钱红林拒绝了儿子在申博的求助，让他自己试着想办法、独立闯关。

当然，如果失败了，后果并非不严重。一名物理学本科毕业生，在哪里求职都谈不上有什么明显的竞争力。老爸和妈妈做好了继续供儿子读硕士学位的底线打算。老爸也以开玩笑的口吻说："如果申请博士失败，你奶奶在沛县鹿楼老家有两亩地，你可以回去种地当农民。"儿子听了，一笑。

三

失败的可能是存在的。但是怕失败，一个男孩就不可能成为真正的男人，因为世间不存在每件事都成功的可能性。在现实面前，儿子放弃幻想，自己开动脑筋去找门路。后来告诉父母，找到一个研究团队，加入进去了。老爸和妈妈自然为他感到高兴。

这个研究团队中的核心人物，拥有双重国籍。儿子作为华人加入其中，使团队更加全球化。不管怎样，在这个团队中的工作成为儿子申博的关键经历。他拿到了学者的推荐信，所形成的论文也在就读博士后修改并正式发表于学术电子刊物！这可是他第一篇正式发表的学术文章，当然这是后话了。

发出若干份博士申请后，儿子心仪的两所顶级学校也提供了面试机会。但是后来，这两所学校态度比较消极，他也非常忐忑，说："老爸，我准备回老家跟奶奶去种那几亩地了。"老爸仍然开玩笑说："好啊，有地种，我们至少有得吃啊。"然后老爸认真地说："只要你健健康康，什么样的结果我们都接受，爸妈这里永远欢迎你回来，不用担心。"

儿子明白了，向前挺进，不能靠父母，靠的是他自己努力。他也明白，父母的家永远是他的家，永远是他失败后的可靠退路。

过了一两个月，他用十分平静的口吻告诉父母，收到了美国东部和西部各一所不错的大学物理系攻读博士学位的录取通知。两所学校都表示，提供往返费用，欢迎他去参观考察。他果真去了，结合两所学校的专业水平、奖学金数额、医疗保险覆盖比例、气候和生活条件个人满意度，儿子选择了美国西海岸的那所大学。

就这样，儿子靠着自己的努力，在很短的时间内，艰难跨越了自己在基础教育阶段学术研究经验不多的短板，也战胜了初次独立闯荡的畏难与犹豫，不仅顺利地进入博士学习的求学新阶段，还走上经济上自立自养的人生新阶段。博士就读了一年半，有一次全家人网络通话时，他不经意间透露，还收到了另外两所大学的录取通知，觉得都不值得考虑，就没有向父母提及。

守望故事的申博篇，也是独立闯关篇。

子女升入大学读本科，多多少少还离不开父母里里外外的帮助，特别是经济上的供给。子女读完本科走上社会，若能靠自己努力找到一份工作，或者申请、攻读博士，并开始自食其力，可算在事业上彻彻底底真正自立了！这也是心理意义上的真正自立。

做父母的若有些社会资源，如果不尽快提供给子女去用，总觉得是浪费，是亏待了子女。其实，当子女真正靠自己的力量闯关成功之后，才成为真正的成年人。那个时候，他可以不依赖父母而独立在汪洋大海中游泳，父母的资源才真正成为他自己的资源。

子女越接近成年，父母与子女的共同兴趣越重要，因为——

拥有共同话题，亲子渐成朋友

有的父母与成年子女之间，拥有共同的话题和相同的兴趣，那么即使父母很老了，与子女也会自然而然有说不完的话。有的父母与成年子女之间，没有相同的兴趣，不容易找到共同的话题。如果当父母的希望将来与子女能够比较容易谈心，那就花点时间培养一种共同的兴趣爱好吧。

20岁出头的理科男，与五旬父母的越洋交流，有时也会出现卡顿的感觉。因为，开始读博士后，儿子越发惜字如金。常常是妈妈先开腔，最近吃的、喝的、工作、生活，巴拉巴拉先说了一大堆，然后说："儿子说说自己的情况吧。"

"还行吧。"

"最近睡得怎么样？"

"还行。"

"吃饭怎么样，水果和蔬菜都有吗？早餐吃什么？"

"还可以。"

"体育运动怎么样，每天运动多长时间。"

"还可以吧。"

"知道你的第一篇论文已经发表了，第二篇文章准备做什么内容呢？"

"还是那方面的内容（他的意思应当是：仍是天体物理方面的选题）。"

有时，老爸搜肠刮肚、费力地想到天体物理专业上具体的事情，拿来问问儿子。问题对路了，他简洁地说上几句。不然，他就说不知道。

子女长大的重要标志，就是有了自己的朋友圈子、专业领域，而且不太希望父母参与其中。这不是坏事。

儿子也不是事事都对父母守口如瓶，主要要看他心情和兴趣。大学本科时光，他遇上几个有特色的老师，有时会饶有兴趣说说他们。比如，有一个年已八十的老教授，在黑板上写字都吃力，却特别喜欢来给学生上课。有一个老师是从苏联来的，口音特别重。又有一个男老师极具才华、是同性恋者，但是对学生非常负责和热情，给他发邮件几乎秒回。至于那位五十多岁才一举成名的数学天才张益唐老师，他对学生所提出的一般性的问题，总是回答：I do not answer generational questions（我不回答一般性问题）。

读博士后，老师的事情他就懒得说了。通过一点一滴的交流大致了解到，他的博士研究工作节奏大概是这样的：导师一周开一次会，会上三位博士生分别谈谈研究进展，导师给出一些指导意见。读博士的第一学年，学校给他分配的教学任务比较重，第二学年教学任务似乎减轻了一些。他的第一篇论文也是这个时候发表的……

然而，如果谈到最近看过的电影，儿子就像换了一个人，基本上随时可以打开话匣子，说上二十分钟。当他对电影滔滔不绝时，那个小时候在家中喜欢说话的儿子又回到父母的"身边"。从中可以享受到他一岁起开口说话以来就有的那种对生活与万物的盎然兴致，又能了解到他对于很多问题的看法，推测他在日常生活中接触和吸收到了什么信息。当然，也了解不少新的有意思的电影。

幸亏全家人都喜欢看电影。

少年时代，电影和读书几乎是鹿永建和钱红林最主要的文艺生活，青年时代也差不多，两人走到一起与此有很大关系。成家生子之后，鹿永建成为父亲之后，信奉这样的原则：先做应当做的事、后做喜欢做的事情。于是乎，看电影的机会对鹿永建来说越来越少，但是儿子喜欢看的电影还是必看的。妈妈钱红林与儿子心贴得更近，儿子喜欢看的电影就是她的必做作业。到了博士阶段，儿子的研究和教学工作非常忙，看电影成为他几乎唯一的娱乐活动。好在儿子从小就喜欢看电影，美国电影月卡也不贵。于是，交流与电影相关的内容，渐成一家人最敞开、最自由和最深入的互动渠道。于是一家人在网络通话时，常常讨论新电影、老电影、好电影。

儿子最喜欢的导演当属诺兰。《星际穿越》《敦刻尔克大撤退》《致命魔术》《盗梦空间》这几部，是在他去读大学之前看过、讨论过多次的电影。他上大学这几年，父母隔着太平洋跟儿子一起追了那部烧脑的电影《信条》，妈妈还看了第二遍。2023年的那部《奥本海默》，在大洋的两边全家一起观影，儿子则连续看了七八遍，然后全家一起讨论过两三次。这部电影有那么多的一流物理学家，对天体物理的在读博士别有一番味道。儿子看这部电影，有点像鹿永建当初痴迷于卡夫卡的《城堡》等文学名著，同样是反复地看，从中学习如何创造、如何想象和如何向世界言说。诺兰是英国绅士，有惊人的艺术天分，又是严谨而平衡的职场人士，在资本至上的电影市场上是少有的、有绝对话语权的导演。难能可贵的是，他个人又没有什么怪癖和生活上的毛病，对儿子的专业与人生成长不会有什么负面影响。

是的，每次在讨论完电影后，再讨论一些美国、中国和世界的现实，更容易讨论得兴致盎然、比较深入。有时候，顺着讨论电影的热度，把话题拐个弯，弯到儿子的工作环境，就会讨论他同事的情况和他的一些打算。即使只讨论电影，老爸也非常享受与儿子、妈妈一起畅快说话的快乐，仿佛一家人回到过去在家里度电影周末的美好时光，家人之间的感情就像一片森林，在雨水阳光下，舒展着、丰盛着。因为有共同的爱好与话题，这样的美好交流，也许可以持续到一家人的人生终点吧。

评点 ● ● ● ● ●

　　守望故事的共同兴趣篇。

　　父母与子女之间，拥有共同的兴趣爱好，看似雕虫小技，其实相当重要。随着年龄的增长，拥有共同的话题，才能让父母与子女总有话说，让子女愿意与父母兴致盎然地讨论，而不仅仅通过交流尽到亲情义务。

　　什么样的兴趣爱好，最值得父母与子女共同拥有？电影艺术很好，硬笔书法也不错；厨艺美食很好，慢跑和球类也不错；朗读表演很好，幽默笑话也不错；各种收藏很好，共同的信仰和名人名作也很好……，总之是那些离生活最近，比较容易进入，不太让家人吵架甚至红脸，能够持续地为生活带来快乐的东西。

真正有智慧的父母，会用心"接待"远方的成年子女偶尔回家

归来归来兮，团聚远胜黄金

已经工作，尚未成家，这是子女的特殊人生阶段。一方面，子女在专业、工作和社交上完全独立，不再接受父母指导，不依赖父母的经济供给，是大人了；另一方面，没有建立自己的核心家庭，交友恋爱尚不足以建立新的感情中心，仍比较依赖父母的持续关注与无条件接纳。

这种情况下，在专业和工作方面，父母要渐渐从教练的位置上撤退到朋友和义务咨询师的岗位上。不对子女说三道四，倒不妨以请教的口吻问询一下他们所接触到的新鲜事物。在感情方面，父母仍要承担供给者的重要角色，让子女不因为情感供给的缺乏而急忙投到异性怀抱中，甚至匆匆建立小家庭。

是的，子女如何在情感容易冲动的岁月比较审慎地把握与异性交往的尺度并非易事。如何超越年纪轻、阅历不足

的短板，智慧地识别异性的内在素质？在两性交往的关键节点，如何做出明智的选择与智慧的判断？子女可能会比较多地借助同龄伙伴。而成功的父母，应当可以扮演人生指导教师的角色，这基于父母与子女信任的关系、良好的交流模式。

一

鹿永建和钱红林想念儿子的感觉，日日增长。然而，儿子却不急于回北京看望父母了。恍然间发现，儿子已经读了五年多大学，年近 25 岁，也就是说年龄接近真正意义的成年人了。想方设法，让儿子回到北京休假，一家人好好团聚一下，交流一番。

交流什么呢？

儿子已经工作（他认为读博士就是工作了，他从事研究、并自食其力）一年多，但是离结婚建立自己小家还有时日。在婚恋问题上，父母并不过问太多。因为在相对宽松的环境中，青年男女的感情可以比较自然地孕育和生长。父母过问太多，可能会扼杀健康的情感过程，也可能促熟不理智的关系。当然，宽松并非不要尺度，在交女朋友方面，父母对儿子也给出了一个底线，那就是在价值观方面必须一致，不然老爸和妈妈会明确表示不认可。

当然，如果子女自作主张，果真事实上与价值观完全背离父母的人建立婚姻关系，甚至明显做出了错误选择，父母真会选择拒绝不承认这段婚姻吗？智慧的父母不应当这样做，那可能把子女推得更远，也会让子女准备纠正错误时失去来自父母的支持力量。但是，子女做出选择之前，负责任的父母必须表明立场、价值观和合宜的期待。有人认为，应当对子女说，选择什么样的人建立家庭，都是你的自由，父母没有什么态度与意见。这看似完全尊重子女的选择，实际上不是。

是的，趁子女还没有建立起自己的小家庭和情感中心，抓紧时间，为他们将来更好承担当丈夫、妻子、父亲和母亲的角色，多做有益准备吧。要注意分寸，要有智慧，要有所作为，要适可而止，要抓住时机，要循序渐进。是的，如果子女已经成立了小家庭，父母与子女的关系就发生了实质性的变化。子女建立起自己新的情感中心，并且生儿育女，变成了别人的父母！那个时候这一代父母又要重新调整角色了。

时隔近四年，在儿子准备回来看望时，父母心里翻腾着不少与此有关的想法。

二

儿子回来前几个月，妈妈钱红林已开始准备他的房间。她下定决心，把儿子的小房间准备出一种感觉，让他感觉到仿佛昨天刚刚离开家。其实，这间房并不是他从小住的，家里那处房子已经卖掉，这边的房子是后来买的。妈妈有办法，她把儿子以前用的单人床、衣柜、书柜和书桌，都基本原样安排好，又把儿子书柜中的书原样摆上，儿子用了多年的书桌收拾干净。儿子最喜欢的忍者放在他床头柜上，床弄得温度适宜，床头放上他过去喜欢的东西。这些事统统做好，是一个漫长的系统工程，妈妈的细心、耐心，让老爸再次慨叹。

儿子离开所在的大学，先到香港中文大学参加天体物理国际会议，然后返回北京。一路的行程，包括在香港的通信流量包、北京手机号的重新启动是老爸的工作。归来归来兮，团聚胜过黄金。在2023年11月份北京最寒冷的那天，带着室外的一股寒冷，阔别五年的儿子回到了家中。

虽然有每周一次的网上深入交流，但是毕竟有五年时间没有真正在一起了。一见之下，还是有些陌生感。老爸与儿子拥抱完了，妈妈拥抱，家人反复拥抱，体会亲人的感觉。

儿子洗了手，除去外衣，坐下来，吃妈妈精心准备的接风晚餐。一家人面对面地坐着，儿子胖了好多，一副长头发让人觉得有点好笑，说话的方式似乎也有些变化，他看父母的感觉一定也有变化，大概是觉得父母有些苍老。总之大家彼此有些异样的感觉，毕竟五年没有这样面对面了。五年之后，又在家里坐在一起，彼此能够听见对方的呼吸声，嗅到对方身上的气味，一个桌上吃喝，共用同样的卫生间，卧室相邻，这才是家人的实质——朝夕相处、距离最近。

儿子的胃口并没有那么好，因为飞机上吃了些东西，还有疲劳与不适等原因。离开大学坐飞机飞到香港，一下飞机就去参加学术会议，真是蛮累的。儿子说："发烧了，又嗓子疼。"他说要测试一下是不是病毒，要买这个试剂，那个药品，而且喜欢买中药。老爸立即答应下来，马上在网上下单，很快送药的人就上门了。儿子一边用上刚买的药物，一边嘟囔着："我再也不用洗碗了。"

父母明白归来游子的心理，他想享受一下回家的感觉。自从离开父母，生活都得自理，每天早晚在家里吃饭，那就得自己洗碗。回家后的前二十来天，就让他当当客人，享受一下贵宾待遇吧。如果能够住满一个月，心里很满足了，再让他承担一部分家务责任也不迟。但是，儿子满打满算在北京也就十二天时间，就又要打道去遥远的大学去了。虽然想说的话太多，还是催他早些洗个澡，先去好好睡上一觉。父母看着儿子洗过澡，跟他一道进到他住的屋子里，看看他喜欢不喜欢。这个新家儿子只来过一次，那时房子还在装修呢。看来，妈妈花时间整理、收拾、复原和翻新的工作，真是没有白费力气。儿子特别喜欢这间属于他自己的屋子，回来的那天晚上，睡得特别好。

三

儿子这次回家，他在北京的时间由他自己去安排。看上去，他主要的交流对象是他的中学师友和大学朋友。父母的朋友们提出来要见一下他，把这个愿望转述给他听，他也同意了。父母的朋友们，特别是中年女士们，见了他立即像连珠炮一样地发问：在大学平时都干啥呀？那里社会安全吗？毕业以后怎么办？准备待在那里吗？工作好找吗？有女朋友了没有？父母在一旁打趣说，后面这个问题，平时都不敢问的。不过，儿子也颇有礼貌地一一回答了。

是的，在一起的这宝贵的十二天时间，关于儿子女朋友的信息，父母尽量不提，除非他自己愿意谈起来。当然，父母对他的女朋友在价值观方面的要求，还是没有任何变化。

有一件事最举棋不定：是按原计划一起去上海与杭州，

还是取消这个行程？和儿子在一起的十二天时间，本来安排去一次上海与杭州，而且是计划已久的。但是，儿子从香港回北京之后就发烧了，后来烧退了，喉咙疼一直没有好利索。父母想改一下计划，也就是儿子在身体情况允许的情况下先去杭州，因为外婆2023年去世已落葬在杭州，带儿子去上坟是件大事。如果接下来身体还可以的话，可以接着去上海看望舅舅等亲人。但是如果身体不太舒服的话，上海的行程可以随时取消，妈妈说了，上海的舅舅非常通情达理，不会在意的。父母也想借着这样的灵活安排，让儿子学会更加爱惜和护理自己的身体，更加通达洒脱。但是儿子的想法则是，如果去南方，那就杭州上海两地都去，要么就都不去。儿子已经大了，他有自己的想法和主意，陪同前往的妈妈也不勉强他。虽然心疼他的身体，父母也只能听任他自己作安排。

儿子刚回北京的时候，留着一头长头发，父母微笑着、忍耐着。后来他自己提出来要去理发，就按自己的心意理了个发。也许是因为这次理发的缘故，后面几天他更像过去的那个儿子了。

相见时间贵胜金。

十二天匆匆过去，父母心里盘算过多次的有些事情，还没有来得及深谈，他就得回遥远的大学校园了。儿子回到北京那天，天气特别冷，他不让父母去机场接他。到了离京返校的日子，儿子又坚决不让老爸去机场送他。父母在家里楼下的单元门口，目送亲爱的儿子坐上网约车，再次匆匆离去。儿子走了，一家人的心紧紧地贴在一起。

评点 ● ● ●●●

守望故事的接待回家篇。

稍微总结一下前几篇守望故事的内核，就是父母与成年子女之间的关系，从养育转为守望。

因此，子女进入本科学习年龄后，父母对于亲子相处之道就要开始调整，准备从养育转为守望。父母的权威与尊严还在子女心中，但子女智力、体力和见识很快就要与父母相当，甚至远超父母。因此父母之爱中要多些尊重与客气。对成年子女多些尊重，有点客气，成年子女会带着新鲜感享受这种尊重，并因此更喜欢与父母交流。相反，如果父母端着架子，指望成年子女像小时候一样仰视自己，就会让子女觉得父母老了、落伍了、跟不上趟了。

亲子守望，是有距离、有深度的相互影响。一般在开始阶段是父母主动影响子女，后来渐渐进入互相影响。子女 18 岁就进入成年早期，25 岁后进入完全的成人期，但也还是子女，并非一般朋友。在重大问题上，如价值观的坚守、两性关系的稳定和诚实守信的原则，父母有义务影响子女。应提前告知子女家庭和父母立场，希望子女尊重父母立场。如果父母平时在不那么重要的枝节问题上尊重子女趣味、意愿和决定权，在重大原则上坚持自己的立场，子女就会慎重考虑父母对于重大问题的态度，不会轻易否定。

亲子相互守望，是双方的福气。这是家庭的特有价值。

唯有关系稳定、共同成长的家人，方能拥有这种福气。

亲子相互守望，绵绵无绝期

创作这本《赢得养育马拉松》的两年时间里，一个个养育马拉松的好消息扑面而来，不过也有令人慨叹的消息。

1999 年春天，鹿永建和钱红林在北京金岛花园学了第一堂家庭教育课。如今，授课老师陈先生夫妻年过七旬，当初跑来又跑去的两个养女已长大成人。长女建立家庭、幸福地生活着，时常来照顾父母。幼女法学博士毕业成为律师后，2024 年 6 月 8 日喜迎新婚。儿子受邀参加婚礼，于是兴冲冲地坐上飞机，大老远地跑去参加幼年小伙伴的婚礼去了。

陈先生夫妇与两位养女的养育马拉松，有更多困难与艰辛，也有更多忍耐与仁爱。孩子刚从福利院来到这个家庭时，常常半夜从噩梦中哭醒，或许梦见自己被生母遗弃。困倦的养母忍耐着坐起来，抱着"自己的女儿"，温柔地抚摸、安慰，直到女儿呼吸平稳地睡着。他们给予女儿的爱，超越了血缘，呈现出世间罕有的仁爱之美，一直鼓舞着鹿永建和钱红林跑完自己的养育马拉松。

令人慨叹的是，陈夫人在近十年前查出了肺癌。十年过去了，她依然神奇地活着。她幸福地看到长女的婚礼，而今开心地送幼女出嫁。父母与成年子女的相互守望，似乎成为一种活力的管道，传递着给人以生命的神奇力量。

现实再次提醒天下父母，如果有人生的数学公式，仁爱之心、内心的平安、恒久的忍耐和对生命的尊重，是最宝贵的 1，学历、职业、金钱、美貌与才华，只是 1 后面的 0。建造内在生命平安和美好人际关系，是一生都无法停止的功课，不论是我们，还是我们的成年子女。

"产房传喜讯，我们升级啦。"2024 年 5 月第三周的周日，一对好友夫妻发来好消息，他们可爱的孙女出生，"体重 2.7 千克，身高 47 厘米"，全家欢呼，朋友们祝贺。又一场养育马拉松开始了，美好而悠长。

父母与成年子女之间的守望马拉松，与新一代父母的养育马拉松交织在一起。相互的守望，持续一生，并向下一代传递，绵绵不绝……

守望故事末篇,《赢得养育马拉松》也到了最后心语。

是的,养育儿女是场马拉松。父母与成年子女的守望是下一场马拉松。最新一代子女,生长在这样的复调人生马拉松中,对家族、家庭、祖辈、父母、亲子的体会与经验,一定相当丰富。

赢得这样的马拉松,离不开各自的谦卑克己、持守真道,离不开相互的仁慈之爱、平静忍耐,离不开多重的包容与不止息的盼望。持守这些美好品格,是人生的品格马拉松。

祝愿天下父母,都赢得这样的养育、守望和品格的马拉松。祝愿天下父母的人生,每一步花瓣漫天,每一秒祝福满满。

注释

① 艾盖瑞，贝南罗特. 从 0 岁开始（第一册）[M]. 林慧贞，译. 广州：广东经济出版社，2005：10-22.

② 本杰明·斯波克，史蒂文·J. 帕克. 斯波克育儿经 [M]. 赵昌荣，李庆华，等，译. 成都：四川人民出版社，2000：119-127.

③ 威廉·布莱克. 天真与经验之歌 [M]. 杨苡，译. 南京：译林出版社，2023：91

④ 斯科特·扬. 如何高效学习 [M]. 程冕，译. 北京：机械工业出版社，2022：132-137.

⑤ 尼尔·波兹曼. 娱乐至死 [M]. 章艳，译. 北京：中信出版社，2024：106，170-175.

⑥ 健康中国. 国家卫生健康委印发国际疾病分类第十一次修订本（ICD-11）中文版的通知 [EB/OL]. [2018-12-22]. https://mp.weixin.qq.com/s/t321UBuh5GMneSAIPtmIIA.

⑦ 雷宗扬 . 87 岁的巴菲特身价 848 亿美元，喜欢每天吃麦当劳喝可乐，每天 80% 的时间都用来读书 [EB/OL]. [2017–12–21]. https://mp.weixin.qq.com/s/EVGtP3C75aElZ9vVZafZxg.

⑧ 尼克·利特尔黑尔斯 . 睡眠革命 [M]. 王敏，译 . 贵阳：贵州科技出版社，2020：41–58.

⑨ 詹姆士·杜布森 . 正当青春期 [M]. 王跃进，译 . 北京：中国社会科学出版社，2004：95–99.

⑩ 詹姆士·杜布森 . 培育男孩 [M]. 陈德民，吕军，王晋，译 . 北京：中国社会出版社，2022：30–34.

⑪ 陆键东 . 陈寅恪的最后 20 年 [M]. 北京：读书·生活·新知三联书店，1995：65.

⑫ 约翰·罗科 . 停电以后 [M]. 任溶溶，译 . 贵阳：贵州人民出版社，2013.

⑬ 詹姆士·杜布森 . 培育男孩 [M]. 陈德民，吕军，王晋，译 . 北京：中国社会出版社，2022：253–271.

⑭ 袁隆平口述，辛业芸访问整理 . 袁隆平自传 [M]. 长沙：湖南教育出版社，2021：11–12.

⑮ 詹姆士·杜布森 . 勇于管教 [M]. 裴彤，王跃进，译 . 钱红林，译校 . 上海：华东师范大学出版社，2021：2–69.

后记：如何使用这本书

一

问题的答案，首先与书中最常出现的一个男孩有关。

我和钱红林所学的家庭教育第一课，在1999年春的北京金岛花园公寓楼内，主人陈先生和太太拿出精心准备的提纲，倾囊相授，真诚而热情。当时，孩子还在钱红林腹中。

这对夫妻从福利院收养的两个女儿，跑来又跑去，一个两岁，一个四岁。父母的管教清晰而有爱，女儿则快乐着，自由自在。这样的亲子关系，比那课程更有力量，令人羡慕和向往。

25年过去，每一秒花瓣漫天。又似惊鸿一瞥，快得惊人。

25年前，那个小小生命如约问世，后来长大进入幼儿园、小学，有了一批批同学、老师和朋友。小学中高年级，他喜欢玩自己发明的一种游戏：学期大考后，自己出题并打印各科考卷，把家里的几个玩偶"考"一遍。我给他起了个

"考试院院长"的雅号。

开始写本书前言的前几天，男孩已是天体物理在读博士生，作为北美某大学的助教，刚判完一堆本科生物理通识课考卷。这次不是游戏，是真的。作为父母的我和钱红林，养育儿女的长跑可说进入尾声，从事家庭教育专业也已 20 年。于是，二人胸有成竹地开始撰写家庭教育故事的工程。

怎么写呢？本可以编一个中外案例集的。但是我和钱红林希望增强对年轻父母的贴近性、鲜活性、代入感。于是把准备好的中外家庭教育经典与名作推到"幕后"，转而从自己的实践入手，选取自己的育儿故事，作为全书主线和主干。就是以一位 1999 年出生的孩子的成长连续剧，贯穿本书的五个部分，形成本书的"主线案例"。

如何使用这本书？答案的第一部分出来了：

借助目录，沿着时间轴，进入一个孩子的成长故事。从中读到这孩子从小到大的心理轨迹、蜕变过程、成长窍门，了解父母在孩子 0 到 18 岁甚至 25 岁间当尽的责任、必学的智慧和应会的技巧。

二

某个家庭的养育故事，总有触及不到的家庭教育主题和内容。怎么办？

我和钱红林来到几十种、摞起来近一米高的家庭教育中外经典和当代名作前，从这些值得信任的作者那里寻找、选择，找到有价值的家庭教育故事。限于本书篇幅，最终留下的补充案例数量不多，却使本书成为"家庭教育故事复调音乐"。

如何使用这本书？答案的第二个部分也出现了：

借助在第二、三、四部分的最后一篇，以及"藏"在正文中的"阅读链接"，找到那些"补充案例"，"结识"背后值得信赖、不同凡响的父母、家庭教育名家，从他们身上受益。

三

不满足于故事的可读、生动、感染力和吸引力，我和钱红林还希望"故事金线"外再来几条"思想银线"，让"故事金线"与"思想银线"立体交互，拓展思考空间。

为此，本书设计了本书总体结构，将所有故事和文章编织在五个部分的框架中。五个部分依次是：让小"鳄鱼"在父母身边长大、引导孩子学习、好品格的核心是爱之能、管教难题遇上青春期、一生一世的守望。爱学习的父母和专业人员一眼就能看出，这些章节名涵盖了家庭教育最核心的主题和领域，涉及"管教、性教育、爱的能力"等难题，形成了这本"故事书"的逻辑框架。

为了让每个部分的主题更鲜明，每部分都有诗体引言。诗体是为了与故事性协调，内容则是哲理性的。为了提示案例故事的焦点、燃点，案例前还有引语，方便读者对接需求。案例及文章后面，我都写了"评点"，让读者在教育思想的曲径通幽处，体会思维之乐。

于是，引语、评点，与每部分的引言与名称一起，用四条"思想银线"，将所有的故事和文章编织起来，就像大大小小的血管，让全书的智慧与情感流动起来。

如何使用这本书？答案的第三个部分也出现了：

如果读者想直奔某个家庭教育主题，可在五部分的名称上找线索。如果觉得五部分的名字不够具体，可在案例的标题和引题上找关心的内容。如果读完案例，还想再多些思考，可以细品评点。

祝愿本书成为天下父母的好朋友、好助手。

鹿永建

2024 年 10 月